Wolfgang Schwan

"So kommt der Glaube aus der Predigt"

Wolfgang Schwan

"So kommt der Glaube aus der Predigt"

Predigten zum Kirchenjahr. Vom 1. Advent, über die kirchlichen Feiertage, bis hin zum Ewigkeitssonntag, 2011-2015

Fromm Verlag

Impressum / Imprint
Bibliografische Information der Deutschen Nationalbibliothek: Die Deutsche Nationalbibliothek verzeichnet diese Publikation in der Deutschen Nationalbibliografie; detaillierte bibliografische Daten sind im Internet über http://dnb.d-nb.de abrufbar.

Bibliographic information published by the Deutsche Nationalbibliothek: The Deutsche Nationalbibliothek lists this publication in the Deutsche Nationalbibliografie; detailed bibliographic data are available in the Internet at http://dnb.d-nb.de.

Verlag / Publisher:
Fromm Verlag
ist ein Imprint der / is a trademark of
OmniScriptum GmbH & Co. KG
Heinrich-Böcking-Str. 6-8, 66121 Saarbrücken, Deutschland / Germany
Email: info@frommverlag.de

Herstellung: siehe letzte Seite /
Printed at: see last page
ISBN: 978-3-8416-0560-3

Für Ingrid

„So kommt der Glaube aus der Predigt, das Predigen aber durch das Wort Gottes.“

Röm. 10,17

Inhaltsverzeichnis **Seite**

Vorwort

Die vorliegenden Predigten entstanden zwischen 2011 und 2015 und wurden in verschiedenen Lübecker Kirchen gehalten.
Im Jahre 2010 musste ich aufgrund schwerer Depressionen in den Vorruhestand gehen. Mehr oder weniger frei von pastoralen Verpflichtungen hat sich für mich in den folgenden Jahren die Vorbereitung von Predigten zu einer wirksamen Therapie entwickelt.

Das Lesen in der Bibel tut gut! Das Schreiben von Predigten schärft das Hören auf alte Texte, die zugleich von erstaunlicher und auch befreiender Aktualität sind. Ich wünsche mir sehr, dass die Leserinnen und Leser davon etwas spüren!
Gott spricht. Gott spricht zu uns. Gott spricht zu uns durch das Wort der Bibel.

Predigtarbeit bedeutet im Wesentlichen nicht nur Gott zur Sprache zu bringen, sondern sein Wort sprechen zu lassen und ihm Gehör zu verschaffen. Sie besteht ganz zentral aus dem Hören und „Nachdenken" der biblischen Botschaft, die wir ja nicht neu zu erfinden brauchen. Im Idealfall verhilft eine Predigt zur Begegnung mit Christus. Die Begegnung mit ihm ist die Voraussetzung für den christlichen Glauben. Der Glaube steht für ein personales Verhältnis – vertikal aber auch horizontal. Er beinhaltet die Gemeinschaft mit Christus aber auch die Gemeinschaft unter uns Christen und unsere Haltung gegenüber Nicht- oder Andersgläubigen.

In der vorliegenden Auswahl von 35 Predigten und drei Andachten wird der Versuch unternommen, diesem Anspruch gerecht zu werden. Verkündigung zielt immer ab auf den Glauben. Doch Glauben kann man nicht „machen" oder „erzeugen" - geschweige denn „erzwingen". Eine rhetorisch noch so brillante und inhaltlich hervorragende Predigt vermag den Glauben nicht zu wecken, wenn nicht Gottes Geist am Wirken ist. So steht die Verkündigung, wie ich sie verstehe, immer im Dienst des Wortes und des Geistes Gottes. Predigtarbeit macht ein Stück weit demütig und lässt die Grenzen der eigenen Mühen bewusst werden. Schließlich haben wir uns nicht selbst zu verkündigen.
„Predige ich denn jetzt Menschen oder Gott zuliebe? Oder suche ich Menschen gefällig zu sein? Wenn ich noch Menschen gefällig wäre, so wäre ich Christi Knecht nicht." (Gal. 1,10)

Predigten müssen Alltags tauglich sein. Sie müssen etwas mit dem Leben, den Fragen und Problemen der Menschen, zu tun haben. Gleichwohl habe ich davon abgesehen, Tagesaktualitäten und Nachrichten möglichst umfangreich auf den vorliegenden Seiten „zu versammeln". Gelegentlich wird aber auf sie eingegangen und zwar dort, wo es der Verkündigung dienlich war.

Ich weiß mich der wissenschaftlichen Exegese verpflichtet. Evangelikaler Glaube ist mir völlig wesensfremd. Im Blick auf die Dogmatik fühle ich mich Emil Brunner und Karl Barth sehr verbunden - mithin der „Wort Gottes Theologie“.

Der Begriff „Predigt“ ist sehr belastet und steht im Alltag, ob in Presse oder allgemeinem Sprachgebrauch, oft für eine moralisierende, autoritative aber letztlich belanglose Mitteilungsform. Von Politikern etwa werden keine „Predigten“ verlangt, sondern Taten.
Predigt als religiöse Rede von Gott, die überkommene Glaubenszeugnisse verkündigt und Glauben wecken möchte, erreicht an „normalen Sonntagen“ vergleichsweise wenige Menschen. Wir leben in einer, wie es so oft heißt, zunehmend „säkularisierten Gesellschaft“. Allerdings ist mir in 30 Berufsjahren so etwas wie ein aufgeklärter, begründeter und kritischer Atheismus im Alltag nie begegnet. Darunter verstehe ich einen naturwissenschaftlich oder auch weltanschaulich – ideologisch begründeten Atheismus (Anti-Theismus). Bestimmend war und ist vielmehr die Erfahrung mit Menschen zu tun zu haben, die in ihrer Ablehnung sehr unkritisch Vorurteile gegen die Kirche pflegen sowie kolportieren und kaum über Bibel- und Glaubenswissen verfügen. Hinter der vermeintlichen „Säkularisierung“ und Glaubensskepsis verbirgt sich viel Ignoranz und kaum Substanz, ein hohes Maß an Gleichgültigkeit und wenig Bereitschaft, sich auf Glaubensfragen einzulassen. Mit dem Predigen sollte auch der Anspruch verbunden sein, Menschen in ihrem Glauben Sprach fähig zu machen, um sich mit anderen auseinandersetzen zu können, die der Kirche und dem Glauben gegenüber eine ablehnende Haltung einnehmen.

Bibelzitate, die ich in meinen Predigten benutze, sind der Lutherbibel, revidierter Text 1984, durchgesehene Ausgabe, 1999 Deutsche Bibelgesellschaft, Stuttgart, entnommen. Zitate aus Liedern und dem Kleinen Katechismus lassen sich im Evangelischen Gesangbuch (Ausgabe für die Nordelbische Evangelisch – Lutherische Kirche) nachlesen.

Ein sehr herzlicher Dank gilt Volker Schwan und Sebastian Schneider, die mit ihren PC – Kenntnissen einen wesentlichen Beitrag bei der Fertigstellung dieses Buches geleistet haben.

Lübeck, den 18. Februar 2015
Aschermittwoch

Gottesdienst am Sonntag, d. 01.12.2013 / 1. Advent

Wochenspruch: „Siehe, dein König kommt zu dir, ein Gerechter und ein Helfer." (Sach. 9,9)

Predigttext: Hebräerbrief 10,23-25

Liebe Gemeinde,

mit dem heutigen Sonntag beginnt die Adventszeit. Advent bedeutet ja so viel wie „Ankunft" oder „Erwartung der Ankunft". Im Blick auf das Neue Testament und die christliche Tradition verbinden wir damit die Erwartung der Ankunft Christi. Gleichwohl sind die Vorstellungen darüber, welche Art von Ankunft wir erwarten besonders in diesen Tagen vielfältig.

Vor allem die Kinder erwarten das Weihnachtsfest. Ein Fest der Freude, mit vielen Süßigkeiten, Geschenken und freien Tagen.

Im Evangelium für den heutigen Tag haben wir von der Ankunft Jesu in Jerusalem gehört. Der König, der so gar nicht königlich daherkommt, in abgetragenen Gewändern auf einem Esel reitend, von seinen Anhängern bejubelt, erreicht die Hauptstadt zum Passahfest. Er reitet nicht auf einem prächtigen weißen Ross, er wird nicht von Truppen als Zeichen seiner Macht und Stärke begleitet oder eskortiert, sondern kommt ärmlich mit einigen Anhängern in die Stadt, die wahrscheinlich auch einen eher abgerissenen Eindruck machten. Mit dem Einzug Jesu in Jerusalem beginnt im Übrigen auch die Passionsgeschichte, der Beginn seines Leidens das am Karfreitag seinen traurigen Höhepunkt findet.

Advent steht für die Vorbereitungszeit auf das Geburtsfest Christ, es verweist auf das Kommen des Erlösers in „Knechtsgestalt". Über den Weihnachtsfeiertagen werden Worte aus dem Johannesevangelium stehen, die diese Aussage veranschaulichen: „Und das Wort ward Fleisch und wohnte unter uns und wir sahen seine Herrlichkeit." (Joh. 1,14) Gott macht sich auf den Weg zu uns. Er selbst wird Mensch und macht sich damit uns Menschen gleich. Wir sprechen von der Fleischwerdung Gottes zu Weihnachten auch als seiner „Inkarnation". Er begegnet uns als Mensch und sucht uns in der Dunkelheit dieser Welt auf. Er wird Mensch und geht uns nach, weil wir ihm nicht gleichgültig sind. Gott spricht durch einen Menschen zu uns. Wir können Gott in Jesus Christus erkennen. Wenn wir Gott suchen, brauchen wir nicht nach oben in den Sternenhimmel zu schauen oder uns geistreichen Spekulationen hinzugeben. Unser Blick sollte nach unten gerichtet sein, in den Stall zu Bethlehem oder auf den Weg Jesu vom See Genezareth, dem Alltag zumeist kleiner Leute, bis nach Jerusalem und schließlich an das Kreuz auf Golgatha. Selbst das Leid ist Gott nicht fremd. So nimmt er Anteil an dem gesamten Spannungsbogen menschlichen Daseins.

Die Adventszeit, liebe Gemeinde, dient - im Idealfall - der Besinnung auf diese Botschaft, die sich uns nicht im Vorbeigehen erschließt wie ein Zeitungsartikel oder die Nachrichten aus dem Radio; bedenken wir doch ein göttliches Handeln, das den Rahmen des Alltäglichen verlässt. So ist die Zeit zwischen dem Martinstag und dem Hl. Abend Zeit der Buße, der Stille und der Besinnung, eben Fastenzeit wie die Passionszeit zwischen Aschermittwoch und dem Karfreitag. Die liturgische Farbe violett verweist auf diesen Zusammenhang. In der Adventszeit mitsamt dem Trubel der Weihnachtsmärkte, der Weihnachtsfeiern und der vielen Besorgungen sind wir in der Regel weit von diesem Anspruch entfernt.

Darüber hinaus verbinden wir mit Advent aber noch eine weitere Form der Ankunft. In der Adventszeit sind wir eingeladen über den Rahmen und die Grenzen dieser Welt hinauszuschauen. Wir erwarten das Kommen - oder besser noch - die Wiederkehr Christi, eben seine Ankunft in Herrlichkeit. In der Bibel, besonders bei dem Apostel Paulus, ist in diesem Zusammenhang von der Parusie die Rede.

Als Christen leben wir zwischen diesen beiden Ereignissen, der Geburt Christi in Bethlehem und seinem Erscheinen in der Zukunft. Das eine Datum lässt sich historisch bestimmen, das andere bleibt offen - seit 2000 Jahren. Es eröffnet uns einen weiten Horizont und eine große Hoffnung.

Um die Wiederkehr Christ geht es sowohl in der Epistel aus dem Römerbrief als auch unserem Predigttext aus dem Hebräerbrief. Paulus schreibt: „Die Nacht ist ist vorgerückt, der Tag aber nahe herbeigekommen. So lasst uns ablegen die Werke der Finsternis und anlegen die Waffen des Lichts.“ (Röm. 13,12) Nichts anderes meint der Verfasser des Hebräerbriefes wenn er schreibt: „Lasst uns festhalten an dem Bekenntnis der Hoffnung und nicht wanken; denn er ist treu, der sie verheißen hat; und lasst uns aufeinander Acht haben und uns anreizen zur Liebe und zu guten Werken.“ (Hebr. 10,23.24)

Aus beiden Texten spricht die Erwartung der Ankunft Christi. Es ist Ausdruck der christlichen Hoffnung schlechthin. Kritiker unseres Glaubens von Ludwig Feuerbach über Friedrich Nietzsche bis Karl Marx u. a. sehen in dieser Hoffnung so etwas wie eine Vertröstung für die „Zu - kurz- Gekommenen“, Vertröstung auf ein unwahrscheinliches Ereignis und ein beglückendes „Jenseits“. Der Revolutionär Lenin sprach vom „Opium für das Volk“. Glaube und Hoffnung werden den Elenden verabreicht, damit sie sich in menschenunwürdige Verhältnisse einrichten, sie hinnehmen und nicht dagegen aufbegehren. Angeblich handelt es sich um eine Anleitung zur Passivität, zum tatenlosen Erdulden dessen, was um uns herum geschieht. Karl Marx spricht hingegen vom „Opium des Volkes“. Der leidende, unterdrückte und ausgebeutete Mensch setzt Kraft seiner Entfremdung Religiosität mit all ihren Illusionen aus sich heraus. Religion ist somit Ausdruck menschlicher Unterdrückung für die es in der zukünftigen – mithin freien Gesellschaft freier Menschen – keinen Platz und auch kein Bedürfnis mehr gibt.

Aber bei genauerem Hinsehen auf diese Aussagen wird deutlich, dass uns die Erwartung des Kommens Christi zum Tun bewegen will: „Lasst uns ablegen die Werke der Finsternis und anlegen die Waffen des Lichts.“ „Lasst uns aufeinander Acht haben und uns anreizen zur Liebe und zu guten Werken.“

Die Hoffnung auf die Wiederkehr Christi vermag auch uns und unser Handeln im Geiste Jesu zu verändern. Grund unserer Hoffnung ist die Treue Christ
zu uns. So wie er an uns festhält, sollen auch wir an ihm festhalten.

Denn die Hoffnung ist eine Kraft, die zu unserem Glauben gehört. Wie immer wir uns die Wiederkehr Christi auch vor Augen führen - sie übersteigt fraglos unsere Vorstellungskraft- so geht es um die Hoffnung, ihm zu begegnen. Unser Leben und all unsere Wege haben ein Ziel, sie besitzen einen unverrückbaren Horizont, nämlich die Begegnung mit Christus. Er ist das Ziel all unserer Wege. Unsere Hoffnung trägt einen Namen. Unsere Hoffnung steht uns in Menschengestalt vor Augen und ist uns zugewandt, wie vormals den Menschen, denen Jesus auf seinem Weg begegnete.

Im Hebräerbrief klingen Praktiken des alten Jerusalemer Tempelkultes an, auf die der Verfasser zurückschaut. Gottes Gegenwart fand Ausdruck im Allerheiligsten des Tempels. Einem Ort der Ehrfurcht, weil sich nach jüdischer Vorstellung hier Himmel und Erde berührten. Sie durfte nur einmal im Jahr, am großen Versöhnungstag, dem Jom Kippur, vom Hohepriester durch einen Vorhang hindurch betreten werden, um den Sühneritus der Blutbesprengung zu praktizieren. In diesem Raum stand ursprünglich die Bundeslade, z. Z. Jesu stand das Allerheiligste jedoch leer, galt jedoch immer noch als Ort der Anwesenheit Gottes.

Mit dem Kommen Jesu und seiner Kreuzigung steht uns ein anderer Weg zu Gott offen. Christus erscheint nach der Gedankenwelt des Hebräerbriefes als das letztgültige Sühneopfer und der wahre Hohepriester. Durch seinen Tod sind unsere Sünden abgetan und vergeben. In der Passionsgeschichte hören wir: „Aber Jesus schrie (am Kreuz) laut und verschied. Und der Vorhang im Tempel zerriss in zwei Stücke von oben an bis unten aus.“ (Mk. 15, 37.38)

Durch seinen Tod und seine Auferweckung eröffnet uns Christus einen neuen Zugang zu Gott. D. h. uns allen steht der Weg zu Gott offen. Wir alle können durch den Glauben in ein persönliches Verhältnis, in eine Beziehung zu Christus eintreten. Wir bedürfen dazu weder eines Tempels noch der Rituale und Vermittlung eines Hohepriesters.

Im Zusammenhang mit der Wiederkehr Christi begegnet in der Bibel die Vorstellung vom Gericht, oder auch dem „Jüngsten Gericht.“ Allgemein hin wurden und werden damit harte Bilder verbunden, die Angst machen. Aber es geht nicht um Angstmacherei oder Einschüchterung. Vielmehr um etwas sehr Befreiendes.

Christus hat das letzte Wort über uns. Er ist der Herr der Geschichte. Sein sind die Zeiten. Urteile von Menschen über Menschen besitzen allenfalls vorläufige Gültigkeit. Am Ende triumphiert nicht der Täter über das Opfer, sondern Gott wird alles neu machen. Nicht Menschheitsverbrecher wie Hitler, Stalin oder Mao behalten das letzte Wort über ihre Opfer, sondern am Ende der Geschichte stehen ein neuer Himmel und eine neue Erde, stehen vor allem Gottes Gerechtigkeit und sein Friede. Ist das für uns nicht Grund zur Freude? Eine Freude, die in uns Hoffnung weckt und bereits heute unser Leben zu ändern vermag. AMEN.

Gottesdienst am 07.12.2014 / 2. Advent

Wochenspruch: „Seht auf und erhebt eure Häupter, weil sich eure Erlösung naht.“ (Lk. 21,38)

Predigttext: Lukasevangelium 21,25-33

Liebe Gemeinde,
in mitten der Adventszeit hören wir einen Predigttext, der scheinbar so gar nicht adventlich anmutet. Statt einer frohen Botschaft hören wir Schreckensnachrichten. Von Katastrophen ist die Rede, der wir hinsichtlich der Nachrichtenlage aus den Medien weitere hinzufügen könnten. „Auf Erden wird den Völkern bange, und sie werden verzagen vor dem Brausen und Wogen des Meeres.“ (Lk. 21,25) Das entspricht etwa dem Erleben der leidgeprüften Menschen auf den Philippinen, die in diesen Tagen von einem Taifun ungeahnten Ausmaßes heimgesucht werden. Wir wissen, liebe Gemeinde, dass sich durch den sogenannten Treibhauseffekt das Klima weltweit verändert und weiter verändern wird. Der Meeresspiegel wird weiter steigen, wodurch viele Inseln in der Südsee und im Indischen Ozean in ihrer Existenz gefährdet sind. Auch unsere niederländischen Nachbarn sind bedroht, weil ca. 2/3 ihres Territoriums unter dem Meeresspiegel liegen.
Wir wissen um weitere weltweite Entwicklungen, die katastrophale Folgen nach sich ziehen können. Ich denke an das Ozonloch, die Fähigkeit des Menschen sich auch ohne Massenvernichtungswaffen, wie etwa Atombomben, selbst auszulöschen. Viele Ereignisse auf der Welt machen uns bewusst, wie gefährdet der Planet, der Friede und natürlich wir Menschen sind. Man denke an die Ukraine, an Syrien und den Irak und viele Regionen auf der Welt, in denen Terror und Gewalt an der Tagesordnung sind.
Unser Predigttext fordert uns dazu heraus, in der Adventszeit der Not, der

Zerstörung und der Gefahren zu gedenken, der wir als unerlöste Menschheit gegenüberstehen – um nicht zu sagen, ausgesetzt sind. Jenseits all dessen, was die Adventszeit ja auch so schön erscheinen lässt, macht unser Text aus dem Lukasevangelium uns bewusst, was den Advent zum Advent macht.

Jenseits von stimmungsvollen Weihnachtsmärkten, gemütlich geschmückten Wohnungen, beschaulichen Adventsfeiern und den vielen Lichtern, die gerade in dieser dunkelsten Zeit des Jahres so gut tun, stellt er das Kommen Christi in diese Welt in das Zentrum seiner Aussage. Die erwartete Ankunft des Erlösers ist letztlich ja das Thema der Adventszeit.

Mag sein, liebe Gemeinde, das uns der genaue Wortlaut des Textes aus dem Lukasevangelium fremd ist, so finden wir uns doch in der Schilderung einer bedrohten Welt und der Hoffnung, ja Sehnsucht, auf Frieden und Gerechtigkeit wieder. Wir Menschen erkennen unsere Grenzen im Blick auf diese Ziele. Deshalb ist ein Leben in Erwartung der Wiederkehr Christi ein großes Geschenk.

Advent bedeutet ja so viel wie Ankunft. Ankunft Christi in dieser Welt.

In gewisser Weise schauen wir in diesen Tagen auf zwei Ankünfte. Wir verbinden damit zum Einen das weihnachtliche Geschehen. Wir bereiten uns auf das Weihnachtsfest vor, auf die Feiern im Familienkreis und das Ereignis der Geburt Jesu. Wir denken daran, dass Gott Mensch wurde, um uns zu begegnen. Suchen wir Gott, so brauchen wir keine gelehrten akademischen Werke oder hochtrabende Gedankengebäude theologischer oder philosophischer Art zu studieren. Es genügt der Blick in die Krippe, in den Stall zu Bethlehem. Es braucht den Blick in die unscheinbare Stadt Bethlehem, in der für Jesus kein Raum in der Herberge war, und zu den Hirten, einfachen Menschen, denen der Engel zuerst das Kommen Gottes in dies Welt erschloss. Es genügt der Blick auf den Weg und die Worte Jesu, die uns ansprechen und zum Glauben rufen wollen. Die Evangelien berichten von Begegnungen mit Jesus, die Menschen veränderten. Mehr noch, Jesus zu begegnen – bewusst zu begegnen – bedeutet Heil. All diese Worte und Erinnerungen wurden festgehalten und überliefert, weil die ersten Christen der festen Überzeugung waren, dass Christus auch uns in seinen Worten begegnen kann und Glauben wirkt.

Zugleich will Advent unseren Blick nach vorne richten. Wir leben in Erwartung der Wiederkehr Christi; so wie wir das im Glaubensbekenntnis jeden Sonntag miteinander bekennen: „Er sitzt zur rechten Gottes, des allmächtigen Vaters; von dort wird er kommen, zu richten die Lebenden und die Toten." Wir leben zwischen Ankunft und Wiederkehr Christi, zwischen Beginn und Vollendung. Christus hat das letzte Wort in der Geschichte. Brachte er das Reich Gottes, seinen Frieden und seine Gerechtigkeit zumindest zeichenhaft in diese Welt, so steht die Vollendung noch aus. Dieser Horizont, liebe Gemeinde, ist unser Trost und der Grund unserer Hoffnung und möge uns im Glauben und Handeln stärken.

Oft wurde von Kritikern und Spöttern unseres Glaubens im Blick auf die Wiederkehr Christi von Vertröstung gesprochen oder auch vom „billigen Trost". Angeblich ist der Glaube an den wiederkehrenden Christus eine Erfindung böswilliger Christen, die sich und andere Menschen davon abhalten wollen, an Zuständen, die zum Himmel schreien, etwas zu ändern. Mit Blick auf den himmlischen Frieden sollen irdische Ungerechtigkeiten kaschiert werden. Der christliche Glaube sei geradezu eine Anleitung zum Erdulden von Unfrieden und Ungerechtigkeit. Der Blick in den Himmel versperre angeblich den Blick auf die geschundene Kreatur.

Auf unseren Predigttext können sich die vermeintlichen Kritiker, die mehr ihren eigenen Phantasien folgen als den Aussagen der Bibel, schwerlich berufen.

„Wenn aber dieses anfängt zu geschehen, dann seht auf und erhebt eure Häupter, weil sich eure Erlösung naht." (Lk. 21,28)

Der Glaube verschließt nicht die Augen vor den Dunkelheit und Leiden dieser Welt. Vielmehr nimmt er und nehmen wir als Christen – als zu Christus gehörende Menschen - ernst, was um uns herum geschieht. Als Christen wenden wir uns nicht gleichgültig ab, wenn Ungerechtigkeit und Gewalt das Leben von Menschen verunstalten. Vielmehr erheben wir unsere Häupter und wenden uns anderen Menschen zu. Um es biblisch auszudrücken. Es ist auch an uns, Zeichen des Reiches Gottes zu säen. Spuren Christi in unserer Welt zu setzen. Der Glaube an die Wiederkehr vermag uns zu beleben und unseren Kopf zu erheben, statt zu schlafen. Es macht wenig Sinn an dieser Stelle einen Verhaltenskatalog oder Bestimmungen zu formulieren. Ich glaube, jeder der Christus vor Augen hat weiß, was zu tun ist.

Vielleicht erinnern sie sich, liebe Gemeinde, an die Szene kurz vor der Himmelfahrt Christi. Die Jünger fragen ihn, ob er das Reich für Israel wieder aufrichten wird. Daraufhin gibt der auferweckte Christus eine erstaunliche Antwort: „Es gebührt euch nicht, Zeit oder Stunde zu wissen, die der Vater in seiner Macht bestimmt hat; aber ihr werdet die Kraft des Heiligen Geistes empfangen, der auf euch kommen wird, und ihr werdet meine Zeugen sein....“ (Apg. 1,7.8)

Die Häupter angesichts der erwarteten Wiederkehr Christi zu erheben bedeutet eben nicht Vertröstung und die Hände in den Schoß zu legen, sondern aktive Zeugenschaft im Alltag – dort wo wir leben und wirken. Christen haben allen Grund mit erhobenem Haupt und ohne Angst durch diese Welt zu gehen weil sie wissen, dass sie nicht alleine gehen und weil sie ein Ziel vor Augen haben jenseits aller Dunkelheit und Plagen.

Das Gemeinte wird durch ein knappes Bild illustriert. Mit dem Feigenbaum hat es eine besondere Bewandtnis. Aufgrund seiner süßen Früchte wird er im Orient sehr geschätzt. Aber vielleicht wichtiger noch für unseren Text. Er verliert spät - im November oder im Dezember – seine Blätter. Zugleich ist er der erste Baum, der im Frühling wieder Blätter trägt. So ist zu verstehen, dass sich im orientalischen Raum, in dem es übrigens auch im Winter empfindlich kalt werden kann, die Menschen am Feigenbaum als einem Vorboten des Sommers orientieren. Treiben die Bäume erste Blüten stärkt es die Vorfreude auf das Kommende.

„Himmel und Erde werden vergehen; aber meine Worte vergehen nicht.“ (Lk. 21,33)

Diese klaren Worte, liebe Gemeinde, klingen wie ein Resümee. Wir leben in der Zeit zwischen Ankunft und Wiederkehr Christi, zwischen Weihnachten und

Parusie. Im Hebräerbrief heißt es: „Denn wir haben hier keine bleibende Stadt, sondern die zukünftige suchen wir." (Hebr. 13,14) Die Welt in der wir leben ist nach der Schöpfungsgeschichte aus dem 1. Buch Mose Kapitel 1 aus dem Wort Gottes hervorgegangen, aus seinem Befehlswort. Über den bevorstehenden Weihnachtstagen stehen Worte aus dem Johannesevangelium: „Und das Wort ward Fleisch und wohnte unter uns."

(Joh. 1,14) Gemeint ist damit kein anderer als Christus. Mit ihm beginnt die neue Schöpfung, das Reich Gottes, dessen Fülle jedoch noch aussteht.

Unsere Bibel schließt mit einem Ausblick, der über alles Dunkel hinausweist: „Und ich sah einen neuen Himmel und eine neue Erde; denn der erste Himmel und die erste Erde sind vergangen. Und er wird bei ihnen wohnen, und sie werden sein Volk sein und er selbst, Gott mit ihnen, wird ihr Gott sein; und Gott wird abwischen alle Tränen von ihren Augen, und der Tod wird nicht mehr sein, noch Leid noch Geschrei noch Schmerz wird mehr sein; denn das Erste ist vergangen. Und der auf dem Thron saß, sprach: Sieh, ich mache alles neu!" (Apk. 21,1.3.4). AMEN.

Andacht zum Weihnachtsfest 2014

„Und als die Engel von ihnen gen Himmel fuhren, sprachen die Hirten untereinander: Lasst uns nun gehen nach Bethlehem." (Lk. 2,15 a)

Weihnachten, liebe Gemeinde, ist das wohl beliebteste christliche Fest. Besonders in der historischen Altstadt von Lübeck mit seinem berühmten Weihnachtsmarkt, kann man sich dem Zauber dieser Zeit nur schwer entziehen. In den Kirchen werden besondere Gottesdienste mit einem reichhaltigen musikalischen Angebot gefeiert. Aber selbst in einfachen Gottesdiensten, ohne besondere musikalische Programmpunkte, rühren uns die vertrauten Advents- und Weihnachtslieder an.

Bei Advent und Weihnachten handelt es sich um eine sehr sinnliche Zeit. Wir hören die bekannten Melodien und Lieder, wir schmecken Lebkuchen, Christstollen und Marzipan und wir nehmen die besonderen Düfte dieser Zeit auf, besonders auf dem Weihnachtsmarkt.

Zugleich wissen wir natürlich, dass sich die Bedeutung von Weihnachten nicht darin erschöpft. Ja, das Weihnachtsfest hat eine unvergleichliche und fröhliche Botschaft, hinter der all das, was wir in diesen Tagen und Wochen veranstalten und erleben, verblasst. Die Feiern, an denen wir teilhaben, und die Geschenke, mit denen wir anderen Menschen eine Freude bereiten möchten, sind letztlich nur ein schwacher Abglanz der Freude, die Gott für uns bereithält und schenken möchte.

Der allmächtige und ewige Gott wird Mensch. Der Schöpfer des Himmels und der Erde erscheint uns in der Gestalt eines kleinen hilflosen Kindes. Gott kommt zu uns „herunter". Weihnachten bedeutet mithin, dass Gott uns auf „Augenhöhe" begegnen möchte. Er geht uns nach, weil wir ihm nicht gleichgültig sind – niemand von uns!

„Er kommt aus seines Vaters Schoß und wird ein Kindlein klein, er liegt dort elend, nackt und bloß in einem Krippelein, in einem Krippelein.

Er äußert sich all seiner G´walt, wird niedrig und gering und nimmt an eines Knechts Gestalt, der Schöpfer aller Ding, der Schöpfer aller Ding." (EG 27,2.3)

Mit diesen Worten von Nicolaus Herman werden wir in unseren Gottesdiensten am Heiligen Abend und an den Weihnachtstagen auch in diesem Jahr singen.
Gott macht sich uns Menschen gleich, um uns begegnen zu können. Beim christlichen Glauben handelt es weder um eine Morallehre noch um ein kompliziertes Gedankengebäude, die nur den Gebildeten zugänglich bleibt. Indem Gott Mensch wird, macht er sich uns allen zugänglich und begreifbar.
Gott wendet sich in seinem Sohn besonders den einfachen Menschen zu. Er selbst kommt als Kind mittelloser Eltern zur Welt und wird in einem Stall geboren, also unter widrigsten Bedingungen.
Die ersten die von seiner Geburt hören, sind einfache Hirten; die zur damaligen Zeit in der Gesellschaft wenig oder gar nichts galten. Ihnen wurde nachgesagt „raues“ und unehrliches Volk zu sein, das bei Wind und Wetter draußen war, am Rande der Städte und Dörfer lebte, am Rande der Gesellschaft.
Die Hirten bekamen von einem Engel, d. h. einem Boten Gottes, zu hören, was sie sich selbst nicht sagen konnten und was auch wir uns immer wieder sagen lassen müssen. Dass Gott sich in einem bedürftigen Säugling mitteilt, erschließt sich weder unserem Beobachtungsvermögen noch unserem Verstand. Gott handelt nach seiner Logik, nicht nach unserer. So ist er darin frei sich uns mitzuteilen, wie er es für richtig hält.
„Siehe, ich verkündige euch große Freude, die allem Volk widerfahren wird; denn euch ist heute der Heiland geboren, welcher ist Christus, der Herr, in der Stadt Davids.“ (Lk. 2,10).
Diese Worte sprechen aus, was geschehen ist. Sie deuten die Geburt Jesu. Anders wäre auch nicht zu begreifen, dass in einem Kind, einem hilflosen Säugling Gott selbst erscheint. Der Engel spricht ein Geheimnis aus, dass sich nur im Glauben erschließt.
Glaube erwächst nach der Vorstellungswelt des Neuen Testaments aus der Begegnung mit Christus. Von dieser Erfahrung hören wir immer wieder in den Heilungsgeschichten der Evangelisten. Menschen, oft sind es Bedürftige und Kranke, gehen auf Jesus zu und erwarten etwas von ihm. Jesus enttäuscht sie nicht

und öffnet ihre Augen, oder hilft ihnen wieder auf die Beine – eröffnet ihnen ein neues Leben.

Was sich in den Worten der Hirten anbahnt, enthält die Aufforderung zur Begegnung mit Christus. Sie gehen zu ihm hin, sie gehen auf ihn zu, sie gehen auf ihn ein, sie gehen ihm nach, sie geben ihm Raum in ihren Gedanken und in ihrem Handeln – und sie bekommen viel zurück. Die Hirten überwinden Skepsis, Vorurteile sowie Ablehnung und machen sich auf den Weg zur Krippe.

Und in der Tat verändert sie der Besuch im Stall bei dem Kind.

„Und die Hirten kehrten wieder um, priesen und lobten Gott für alles, was sie gehört und gesehen hatten, wie denn zu ihnen gesagt war." (Lk. 2,20)

Ihr Standortwechsel hat eine neue Erfahrung mit Gott ermöglicht und zu neuen Einsichten geführt; ja, er hat Glauben in ihnen bewirkt. Ich wünsche uns allen, dass auch wir unseren Standort und unseren Standpunkt verlassen können – besonders dann, wenn er mit Vorurteilen oder Ablehnung verbunden ist. Ich wünsche uns, dass wir uns mit den Hirten auf den Weg zur Krippe aufmachen.

„Lasset uns nun gegen nach Bethlehem."

Es wäre schön, wenn diese Worte uns in den kommenden Wochen leiten könnten.

AMEN.

Gottesdienst am Heiligabend 2012

Wochenspruch: „Und das Wort ward Fleisch und wohnte unter uns, und wir sahen seine Herrlichkeit." (Joh. 1,14a)

Predigttext: Johannesevangelium 7, 28-29

Liebe Gemeinde,
heute ist es wieder soweit, wir feiern den Heiligabend. Es ist das wahrscheinlich vertrauteste, christliche Fest das wir kennen. Mehr noch, wir verbinden mit dem Heiligabend Erinnerungen, die weit in unsere Kindheit zurückreichen - mithin in eine z. T. ferne Zeit oder sogar Welt. Wir denken an Menschen, an Eltern, Geschwister, Verwandte und Freunde, die nicht mehr leben, sondern nur noch in der Erinnerung bei uns sind. Am Heiligen Abend und zu Weihnachten sind diese Gedanken besonders lebendig, besonders nah. Vielen, überwiegend älteren Menschen, fällt dieser Tag deshalb sehr schwer, weil Wehmut aufkommt im Blick zurück an eine vergangene Zeit, an die Kindheit und die Anfänge des eigenen Lebensweges.
Das Weihnachtsfest hat seine festen stets wiederkehrenden Gebräuche und Attraktionen. Ich denke an die vorangehende Adventszeit mit Adventskranz und Kerzen, den Adventskalender und vertraute Lieder: Macht hoch die Tür… Es kommt ein Schiff geladen… Tochter Zion… Wie soll ich dich empfangen… In der Adventszeit nimmt der Nikolaustag einen festen und für Kinder aufregenden Platz ein. Ich denke an Weihnachtsmärkte, wie es sie seit alter Zeit etwa hier in Lübeck gibt mit ihren Gerüchen, ihrer Musik und den wohltuenden Lichtern in der dunkelsten Zeit des Jahres.
Aber es gibt noch andere, jedes Jahr wiederkehrende Gebräuche, die auf dem ersten Blick mit dem Christ- oder Weihnachtsfest scheinbar gar nichts zu tun haben. Alle Jahre wieder ist vor dem Fest im Fernsehen der Film „Der kleine Lord

zu sehen“, so auch am vergangenen Freitag. Zum festen Programm gehören über die Feiertage auch die bekannten „Sissi-Filme“ mit Romy Schneider in der Hauptrolle. Warum eigentlich? Was haben sie mit Weihnachten zu tun? Ich denke, eine ganze Menge! Sie transportieren im Grunde genommen die Weihnachtsbotschaft in eine andere Zeit und machen sie für uns anschaulicher.

Gott wurde in Christus Mensch um uns Menschen nahe zu sein. Er kam in die Dunkelheit dieser Welt um sie menschlicher, heller und freundlicher zu machen. Christus wurde unter menschenunwürdigen Bedingungen geboren, in einem Stall in dem sonst Tiere zuhause sind. Denn für Maria und Joseph sowie für das erwartete Kind war kein „Raum in der Herberge“. Gott kommt als Kind armer Eltern in diese Welt, die immer auch eine dunkle war, mit zahlreichen Schattenseiten. Er zeigt sich und verbindet sich mit uns, wir sind ihm nicht gleichgültig. „Das Wort ward Fleisch und wohnte unter uns und wir sahen seine Herrlichkeit.“ (Joh. 1,14a) Mit seinem Wort und seinem Willen wird Gott Mensch, so wie er mit seinem Wort und seinem Willen die Schöpfung hervorgerufen hat. „Und Gott sprach“, so heißt es im ersten Buch Mose, „es werde Licht“ oder „Und Gott sprach: Die Erde bringe hervor lebendiges Getier, ein jedes nach seiner Art...“ usw.

Aber „Wort“ bedeutet nach neutestamentlicher Lesart noch mehr, nämlich „Sinn“. Der Sinn ist Fleisch geworden. Der Sinn ist uns zugewandt. Der Sinn ist ein Wort, eine Anrede an uns. Der Sinn kennt uns, er ruft uns, er führt uns. Er ist jedem persönlich zugedacht. Der Sinn ist selbst Person: der Sohn des lebendigen Gottes, der im Stall zu Bethlehem geboren wurde. Gott ist dieser Sinn. Und Gott ist gut. Er ist nicht irgendein fernes höchstes Wesen, an das man nie herankommt. Sondern Gott ist ganz nah, in Rufweite, immer zu erreichen - auch für uns!

Das klingt vielleicht sehr abstrakt und schwer verständlich, aber schauen wir uns näher an was damit gemeint ist. In Christus begegnet uns Gott und Christus verwandelte mit seinen Worten und Taten die Menschen. In ihm wandte und wendet er uns sein menschliches Antlitz zu. Er predigte die hereinbrechende Herrschaft Gottes, die in seinem Handeln bereits sichtbar war, etwa in der Heilung von Menschen, der Vergebung von Schuld und der Befreiung von Angst. Menschen, die auf Jesus zugingen und von ihm etwas erwarteten wurden nie enttäuscht. Obwohl ein hilfloser Säugling beginnt das bereits mit seiner Geburt. Menschen kommen zu ihm, die von ihm berührt werden. Ich denke an die Furcht der Hirten, die schließlich Gott lobten und preisten oder an die Weisen aus dem Morgenland, die das Kind suchten, den neugeborenen König der Juden, um ihn anzubeten. Christus brachte die Liebe Gottes unter die Menschen und genau darin bestand und besteht seine Herrlichkeit; in ihm strahlt Licht auf in der Dunkelheit. Ähnlich verhält es sich mit den genannten Filmen und ihren jeweiligen Hauptpersonen. Der kleine Lord Fountleroy und auch Sissi, die junge Kaiserin, verwandeln die Menschen ihrer Umgebung. Beide kommen in erstarrte, dünkelhafte und von festen Formen bestimmte Welten, die sie aufbrechen. Der kleine Cederic kommt aus einem bescheidenen Viertel in New York, genauer aus der Hester Street, auf ein prächtiges Schloss in England, wo er auf das Erbe seines Großvaters, des Earls von Dorincourt, vorbereitet werden soll. Der alte Earl ist durch Gicht fast zur Bewegungsunfähigkeit verurteilt. In dem Film geht er die ersten Schritte, indem er sich, nach dessen Aufforderung, auf die Schultern seines Enkels stützt. Der Earl ist voller Misstrauen und Zynismus; ja, im Grunde genommen verachtet er alle Menschen, die nicht seiner Klasse angehören. Viele Jahre haben sie kein Wort miteinander gesprochen. Die Mutter des Jungen lehnt er völlig ab und weigert sich, sie auch nur zu sehen. Seine Pächter behandelt er mit Herablassung und unnachgiebiger Härte, sie gelten ihm als faul und unfähig. Ihre Not interessiert ihn nicht. Er und seine Weltsicht geraten durch den kleinen Lord Fountleroy ins Wanken. Das Geheimnis seines „Erfolges“ mag darin liegen, dass der kleine Lord nur, und nur, das Gute in den Menschen sieht. Er sucht auch das Gute in seinem Großvater, der allgemein hin als „alter Tyrann „ gilt. In dem Personal und den Pächtern sieht er Menschen, die er achtet, respektiert und mag. Jeder Standesdünkel ist ihm völlig wesensfremd. Der kleine Lord strahlt Fröhlichkeit, Unbefangenheit und unbändige Freude aus, und all das wirkt ansteckend auf seine gesamte Umgebung. Der Earl of Dorincourt sorgt schließlich besser für seine Pächter und lässt ihre Häuser instand setzen. Er versöhnt sich mit seiner Schwester, Lady Lauderdale, mit der er zwanzig Jahre lang kein Wort mehr gewechselt hat und er kämpft darum, dass sein Enkel das Erbe antreten kann, das eine Betrügerin an sich zu bringen versucht. Ja, der vormals bewegungsunfähige, erstarrte, traurige und gichtbrüchige „alte Tyrann", spielt sogar mit seinem Enkel auf der Terrasse Fußball mit einer Blechdose. Es ist ihm wieder möglich Gefühle zu äußern, die lange Zeit verschüttet waren. Am Ende versöhnt er sich auch mit seiner Schwiegertochter, die er durch hässliche Vorurteile ablehnte. Lebensfreude ist in ihm zurückgekehrt. Er empfindet neben großer Fürsorge viel Liebe für seinen Enkel. Der kleine Lord krempelt das Leben seines Großvaters und seiner ganzen Umgebung kräftig um und zwar einfach dadurch, dass er da ist; ohne Geld, ohne Macht, ohne Rang, ohne Gewalt, ohne Tricks, ohne die Autorität von Ämtern und Titeln.

Der Sinn und die Wahrheit der Weihnachtsbotschaft bestehen darin, dass Gott Mensch wurde, und zu uns kam, um uns in ähnlicher Weise zu berühren und zu verwandeln; d.h. Bewegungsunfähigkeit, Feindschaften, Dünkel, Vorurteile und auch Menschenverachtung zu überwinden. Der Sinn des Lebens ereignet sich für uns Christen darin, uns in die Bewegung mit hinein nehmen zu lassen, die Christus in diese Welt gebracht hat. Wir bezeichnen diese auch als „Nachfolge Christ". Unsere Wahrheit ist die Liebe, die Menschenfreundlichkeit Gottes und ihre Macht, die am Ende größer ist als Hass, Gewalt, Kriege und jede Form von Zerstörung unter denen Menschen seelisch und körperlich leiden. Schließlich leben wir in der Erwartung des Kommenden, in der Begegnung mit Christus, der alles neu machen wird, Himmel und Erde und uns. Sollte das nicht Grund zur Freude sein?

Die Wahrheit, liebe Gemeinde, an die wir glauben und die in einer Person Gestalt angenommen hat ist wohltuend und aufbauend. Im Sinn der Weihnachtsgeschichte erkennen wir den Weg Gottes zu uns Menschen. Unser Weg zu Gott ist offen, und zwar jeden Tag. Mit seiner Hilfe und mit seinem Geist ist es uns möglich, darüber Freude zu empfinden, eine Freude die uns trägt auf unseren Wegen, eine Freude die Licht in unser Leben mit ihren Dunkelheit strahlt.

AMEN.

Gottesdienst am 24.12.2014 Heiligabend
17:00 Uhr Christvesper

Wochenspruch: „Und das Wort ward Fleisch und wohnte unter uns, und wir sahen seine Herrlichkeit.“ (Joh. 1, 14)

Predigttext: Lukasevangelium 2, 1- 20

Liebe Gemeinde,
wir feiern den Heiligen Abend und besinnen uns darauf, was das Weihnachtsfest beinhaltet und bedeutet – auch für uns.
Gott wird Mensch. Wir glauben an einen Gott, der sich nicht zu schade ist, menschliche Gestalt anzunehmen. Indem Gott selbst Mensch wird, gibt er uns eine unvergleichliche und unverlierbare Würde. Die ganze Bibel, d. h. die Schriften des Alten und Neuen Testaments, zeigen uns, dass und wie Gott auf uns Menschen zukommt, uns geradezu nachgeht.
Er ist der Schöpfer Himmels und der Erde. Als Schöpfer ermöglicht er Leben und Wachstum. Er ist der Grund auch unseres Lebens. Gott teilt sich mit durch die Propheten und die Geschichte seines Volkes Israel. Schließlich wird er selbst Mensch, um uns Menschen nahe zu sein; mehr noch, um uns zu begegnen. Er macht sich uns gleich und begegnet uns gewissermaßen auf „Augenhöhe“. Fragen wir nach Gott, liebe Gemeinde, müssen wir nicht den Blick zum Himmel richten. Wir glauben nicht an den - wie es so oft heißt – „da oben“. Eher, und das zeigt uns die Weihnachtsgeschichte, sind wir eingeladen, an „den da unten“ zu glauben. Um Gott zu hören, um ihm zu begegnen, um an ihn zu glauben, bedarf es keines abgehobenen Wissens, keiner abstrakten Theorien und Gedankengebäude die nur Intellektuellen oder Eingeweihten zugänglich ist. Dem christlichen Glauben eignet nichts Elitäres.
Die Offenbarung, d. h. die Selbstmitteilung Gottes in menschlicher Gestalt

vermag jeden anzusprechen, kleine Kinder ebenso wie Jugendliche, Erwachsene oder alte Menschen. Keine Lehre, keine Theorie, kein Gesetz und kein Gedankengebäude können für uns so ansprechend sein wie ein Mensch. Was uns als Christen von anderen Religionsgemeinschaften unterscheidet ist genau dies: Gott selbst wird Mensch. Er teilt sich uns mit in Jesus Christus.

Davon, liebe Gemeinde, handelt die Weihnachtsgeschichte, die wir gehört haben und die uns auch vertraut ist. Die Ereignisse die geschildert werden bewegen sich auf zwei Ebenen. Da ist die Welt der großen Politik und des mächtigsten Herrschers der damaligen Zeit. Besonders für den Evangelisten Lukas ist charakteristisch, dass er das Erscheinen und Wirken Jesu im Rahmen der Geschichte und ihrer Akteure verortet. Wir hören vom Kaiser Augustus und dem römischen Statthalter in Syrien, Quirinius. Im Gegensatz etwa zur griechischen Götterwelt der damaligen Zeit und ihrem Götterpantheon zeigt sich Gott ganz konkret in Zeit und Geschichte.

Der Kaiser im fernen Rom der in einem prächtigen Palast auf dem Palatin residiert, erlässt einen Befehl. Zur Vervollständigung der Steuerlisten verfügt er eine Volkszählung. Er möchte die Verwaltung verbessern und zugleich den Einzug von Steuern für ihn vorteilhafter gestalten. Der Kaiser befiehlt und sein Statthalter setzt den Befehl um. Kaiser Augustus, d. h. übrigens so viel wie der „Erhabene", regierte 45 Jahre. Er beendete den Bürgerkrieg und seine Regentschaft galt als vorbildlich. In seiner Ära wurden angeblich keine Eroberungskriege geführt. Das Zeitalter, das mit seiner Herrschaft und seinem Namen untrennbar verbunden ist, gilt als die „Pax Romana" - die Zeit des römischen Friedens. Für Historiker gilt er als der „Friedenskaiser" schlechthin.

Im Schatten all dessen was der Kaiser verfügt befindet sich die Welt der sog. kleinen Leute. Dazu gehören auch Maria und Josef. Sie müssen sich auf den beschwerlichen Weg von Nazareth, weit im Norden Israels, nach Bethlehem, weit im Süden des Landes, machen. Für Maria ist dieser Weg besonders anstrengend. Sie erwartet ein Kind. Schließlich erreicht das Paar die unscheinbare Stadt Bethlehem aber sie finden, wie es kurz und knapp in der Weihnachtsgeschichte heißt, kein angemessenes Quartier. Jesus wird in einem Stall geboren und liegt in einer Krippe - „denn sie hatten sonst keinen Raum in der Herberge. Gott kommt in kleinen Verhältnissen in diese Welt und er handelt, das zeigt uns die Weihnachtsgeschichte, im Verborgenen. Die Vorgänge um die es geht, sind für menschliche Augen nicht sichtbar. Es sind Engel die die Geburt Jesu deuten, erklären und verkündigen.

Die Handlung, die Lukas entfaltet, lebt von den Gegensätzen. So gibt es den kaiserlichen Glanz, der auf die Welt Eindruck macht. Er lebt in einem prächtigen Palast. Jesus ist Sohn von mittellosen Eltern die dem Treiben der Mächtigen ausgesetzt sind. Romantisch an den Umständen seiner Geburt ist im Grunde genommen gar nichts. Für Jesus war kein Platz, er wurde unter menschenunwürdigen Bedingungen in einem Stall geboren. Dieses Bild wird in den Evangelien fortgeschrieben. Für Jesus ist von Anfang an kein Platz da. Er bleibt ein Fremdling, der auf seinem Weg auf viel Widerstand und Ablehnung stößt und wird schließlich an das Kreuz genagelt. Krippe und Kreuz sind aus demselben Material, demselben Holz. Und auch die Hintergründe sind ähnlich. Menschen verweigern sich ihm, lehnen ihn ab, ja versuchen ihn loszuwerden.

Hier der Kaiser und Herr der damaligen Welt, dort ein Säugling, wehrlos, hilflos, durch und durch bedürftig und ohnmächtig. Ein größerer Unterschied lässt sich kaum denken.

Vom Frieden ist die Rede, für die beide stehen. Mag sein, dass Augustus in 45 langen Jahren keine Angriffs- oder Eroberungskriege geführt hat, gleichwohl gab es nicht ein einziges Jahr, in dem es nicht zu militärischen Auseinandersetzungen in den Provinzen und an den Grenzen seines Reiches gekommen wäre. Aber auch ohne Waffengewalt hat er seinen Untertanen viel Unruhe, Gewalt und eine grausame Gerichtsbarkeit zugemutet. Von der Sklaverei und Unterdrückung fremder Völker ganz zu schweigen.

Im Blick auf Jesus hören wir von einem anderen Verständnis von Frieden. Interessanterweise wird es von den Himmlischen Heerscharen ausgesprochen, oder besser noch gesungen: „Ehre sei Gott in der Höhe und Friede auf Erden bei den Menschen seines Wohlgefallens“. Im Blick auf das Kind handelt es sich um nicht mehr und nicht weniger als um eine große Verheißung und eine Hoffnung für uns alle. Vom Frieden Gottes erfahren wir in den Worten und Taten Jesu auf seinem Weg von Nazareth nach Jerusalem. Er bleibt uns im innersten Verschlossen, wenn wir nur auf das Kind schauen. Verstehen können wir ihn erst dann, wenn wir seinen Spuren folgen, uns mitnehmen lassen und es zur Begegnung mit ihm kommt. Aber fraglos ereignet sich der Friede Gottes auch im Alltag, in zwischenmenschlichen Begegnungen, im Kleinen.

Gott kommt im Verborgenen zur Welt. Er sucht die Welt auch der sog. „Kleinen Leute“ und gibt sich nicht „erhaben“ Die Ersten, die von der Geburt des Kindes hören, sind einfache Hirten. Menschen die in der damaligen Zeit wenig galten. Sie lebten buchstäblich am Rande der Gesellschaft. Ihnen eilte der Ruf voraus raues, unehrliches und primitives Volk zu sein, das bei Wind und Wetter draußen lebte. Als Hirte wurde man in der Regel nicht reich. Die Lebensumstände waren ärmlich und hart. Gott zwingt den Menschen nichts auf, wie der Kaiser Augustus seinem Volk. Doch die Hirten machten sich auf die Worte der Engel hin auf den Weg nach Bethlehem. Gerade das, liebe Gemeinde, enthält eine Aufforderung auch an uns. Nämlich uns auf den Weg zu machen zu dem Kind – das nicht Kind geblieben ist. Die Hirten waren bereit ihren Standort und ihren Standpunkt zu verlassen weil sie bereit waren, den Worten der Engel zu vertrauen, ihnen zu glauben.

Im Alltag begegnen mir – aber nicht nur mir - viele Vorurteile wenn es um Christus, die Kirche und den christlichen Glauben geht. Vieles davon hat mit Unwissenheit und festgefahrenen Standpunkten zu tun, die nicht mehr hinterfragt werden. Selbsternannte Verteidiger des christlichen Abendlandes und seiner kulturellen und ethischen Werte äußern sich abfällig, ja feindselig gegen sog. Ausländer. Viele Äußerungen der Verantwortlichen sind diffamierend und reine Hetze. Damit verlassen sie all das, wofür die jüdisch–christliche Tradition steht. Jesus selbst war Jude. Er hat die Gottes– und Nächstenliebe, Gebote die er übrigens dem Alten Testament entnahm, nicht nur verkündigt, sondern auch gelebt. Mehrmals heißt es im Alten Testament: „Darum sollt ihr auch die Fremdlinge lieben; denn ihr seid auch Fremdlinge gewesen in Ägypten."(5. Mose 10,19).

Aber wenn man zum Kind in der Krippe möchte, gilt es nicht nur den eigenen Standpunkt zu überdenken und zu verändern. Auch die Haltung gilt es zu korrigieren.

Wenn man die Geburtskirche in Bethlehem betreten möchte, dann muss man sich als erwachsener Mensch bücken oder richtiger, beim Eintreten verbeugen bzw. verneigen, denn der Zugang ist sehr niedrig. Zurückzuführen ist dies angeblich auf Anders – oder Ungläubige, die Christus den Respekt verweigerten, indem sie mit ihren Pferden in die Geburtskirche hineinritten. Lassen wir die Gründe einmal dahingestellt. Zum Kind in der Krippe kann man erst dann kommen, wenn man ihm Respekt erweist. Christus erschließt sich uns erst - und Begegnung mit ihm ist nur möglich - wenn man ihm Achtung entgegenbringt. Es geht dabei nicht darum, sich zu verbiegen oder klein zu machen. Auch in unserem Alltag können wir nur dann Menschen zuhören und sie verstehen, wenn wir ihnen Achtung erweisen und ihnen nicht mit der Überzeugung begegnen, dass sie uns nichts zu sagen haben. AMEN.

Gottesdienst am 2. Weihnachtstag 2013

Wochenspruch: „Und das Wort ward Fleisch und wohnte unter uns, und wir sahen seine Herrlichkeit." (Joh. 1,14a)

Predigttext: „Denn ihr kennt die Gnade unseres Herrn Jesus Christus; obwohl er reich ist, wurde er doch arm um euretwillen, damit ihr durch seine Armut reich würdet." (2. Kor. 8,9)

Liebe Gemeinde,
der soeben vorgetragene Vers aus dem 2. Korintherbrief bildet den ganzen Predigttext für den heutigen 2. Weihnachtstag. Abseits der Evangelien nach Lukas und Matthäus wird die Geburtsgeschichte Jesu im Neuen Testament so gut wie gar nicht zum Thema gemacht. Bei dem Apostel Paulus, dem wir den 2. Kor. verdanken, gibt es nur einige wenige Hinweise auf die Umstände seiner Geburt. Im Galaterbrief (4,5 f.) etwa heißt es: „Als aber die Zeit erfüllt war, sandte Gott seinen Sohn, geboren von einer Frau und unter das Gesetz getan, damit er die, die unter dem Gesetz waren, erlöste, damit wir die Kindschaft empfingen." Und im Philipperbrief schreibt der Apostel: „Er entäußerte sich selbst und nahm Knechtsgestalt an, ward den Menschen gleich und der Erscheinung nach als Mensch erkannt." (Phil. 2,7).

Aber ob wir uns nun diese kurzen Texte des Paulus vergegenwärtigen oder auf die langen und breit gestalteten Geschichten nach Lukas oder Matthäus schauen. Beiden gemeinsam ist die unverwechselbare Botschaft von der Geburt Jesu. Gott selbst kommt in diese Welt, kommt zu uns und nimmt menschliche Gestalt an.

In einem der schönsten Weihnachtslieder, „Lobt Gott ihr Christen alle gleich…", heißt es in diesem Sinne: „Er kommt aus seines Vaters Schoß und wird ein Kindlein klein, er liegt dort elend nackt und bloß in einem Krippelein, in einem Krippelein.

Er äußert sich all seiner G´walt, wird niedrig und gering und nimmt an eines Knechts Gestalt, der Schöpfer aller Ding, der Schöpfer aller Ding." (EG 27,2.4) Gott kommt zu uns herunter, er ist gewissermaßen der „heruntergekommene Gott", der sich nicht zu schade ist, menschliche Gestalt anzunehmen. Er kommt in Niedrigkeit in diese Welt und wird in einem Stall geboren, ganz unten, dort, wo für gewöhnlich keine Menschen zur Welt kommen. Für seine Eltern, Maria und Joseph, gab es keinen Raum in der Herberge, weil sie mittellos waren. Gott kommt in die Dunkelheit dieser Welt, er sucht uns in den Dunkelheiten dieser Welt auf. Er ist, modern gesprochen, ein solidarischer Gott, ein mitfühlender Gott, ein verstehender Gott, der nicht auf Distanz zu uns Menschen hält und über den Wolken sein Wesen treibt- irgendwie weit weg von uns. Er kommt in diese Welt um uns nachzugehen, um unsere Nähe zu suche. Er will uns gewissermaßen auf Augenhöhe begegnen; und so erleben wir ihn in den Evangelien im Umgang gerade auch mit den einfachen Menschen, den Mühseligen und Beladenen, den Kranken und Einsamen, den Sündern und Ausgegrenzten, den Trauernden und Gescheiterten. Buddha und Mohammed haben versucht, Menschen Zugänge zu Gott zu bahnen. Jesus steht dafür, dass Gott sich einen Zugang zu den Menschen gebahnt hat - nicht hoch hinaus, sondern tief herunter. Er hat Gott vereinbar gemacht mit dem ganz gewöhnlichen Menschsein. Jesus - der Name ist Programm: „Gott rettet". Er ging dabei bis zum Äußersten, bis in die letzte Hütte, in die Futterkrippe. Christus ist das Bild und Angesicht des unsichtbaren Gottes (Kolosser 1,15).

In ihm teilt uns Gott sein Antlitz mit. In Christus hat Gott Gestalt gefunden, ein menschliches Gesicht, das er uns zuwendet. Er vermag uns den Blick zu öffnen für die im „Dunklen", die viele Gesichter und Geschichten haben. Das zeigt uns sein Lebens- und Leidensweg, der ihn schließlich ans Kreuz führt. Es ist besonders die Zuwendung zu Sündern, die Vergebung von Schuld, der Umgang mit moralischen Versagern, mit Prostituierten und Zöllnern, mit Aussätzigen und Ausgegrenzten, der ihn in den Augen der Frommen und offenbar unerträglich machte. Am Anfang seines Weges gibt es für ihn unter uns Menschen keinen

Raum, am Ende seines Weges ergeht es ihm nicht anders; er stört, er ist ein Ärgernis und muss beseitigt werden. Unser Glaube gründet sich entscheidend darauf, dass das Kreuz nicht das Ende seines Weges ist. Wir wissen um Ostern und die Botschaft von der Auferweckung Christi. Wir glauben mithin nicht an einen Toten, sondern an den lebendigen Christus. Wo Menschen Dunkelheit schaffen und den Tod bringen, vermag Gott einen neuen Anfang und neues Leben zu setzen. Ohne diesen Glauben, liebe Gemeinde, hätte sich niemand der Mühe unterzogen, Erinnerungen und Umstände der Geburt Jesu aufzuschreiben.
Doch die entscheidende Frage lautet, wie wir Menschen zum Glauben an Christus gelangen; aber auch, was Menschen an Christus zweifeln lässt.
Im Alltag begegnet mir oft –und Ihnen, liebe Gemeinde, wahrscheinlich auch - große Skepsis gegenüber dem christlichen Glaubens, bis hin zur offenen Ablehnung. Das Standartargument lautet: „Wenn es Gott gibt, warum lässt er dann soviel Elend zu?“ Oder: „Warum müssen so viele unschuldige Kinder leiden?“ Diese Fragen sind allemal berechtigt. Und doch darf man sie hinterfragen.
Ist Gott denn wirklich für das Elend in dieser Welt verantwortlich? Gehen die Kriege tatsächlich von ihm aus? Schafft er denn Ungerechtigkeit und Hunger in dieser Welt?
Könnte es nicht doch sein, dass Menschen für Ungerechtigkeit, Kriege, Hunger und den gewaltsamen Tod von Menschen verantwortlich sind.
„Wenn es Gott gibt, warum lässt er dann soviel Elend in der Welt zu?“ Vielleicht sollte diese Frage einmal anders herum gestellt werden?“ Warum lassen wir Menschen so viel Elend in dieser Welt zu? Was tun wir dagegen? Statt der Klage über einen vermeintlich ungerechten Gott, sollte hier unsere Aufgabe als Menschen liegen und das in der Nachfolge Christi. Statt über Gott zu klagen, sollte es an uns sein, darüber nachzudenken, wo und wie wir die Welt etwas friedvoller, gerechter und weniger leidvoll machen können.
Und zum dahinter stehenden Gottesbild. Wir klagen gelegentlich über Gott und das selbst dann, wenn es uns gut geht. Bringen wir unseren Wohlstand, unseren

Frieden, unsere Gesundheit und unser Glück und das unserer Angehörigen in einen Zusammenhang mit Gott?

„Wenn es Gott gibt, warum lässt er dann soviel Elend in der Welt zu?" So ähnlich fragt übrigens auch der Versucher. Wenn Du Gottes Sohn bist, dann kannst du Steine in Brot verwandeln usw. Dahinter steht ein klares Bild, wie Gott sich zu erweisen hat um von uns als Gott anerkannt zu werden. Aber Gott ist nicht so und er handelt nicht so wie wir das erwarten. Er muss auch nicht so sein wie wir meinen, dass er sein müsste.

Gott ist kein Herrscher im herkömmlichen Sinne der hart durchgreift, notfalls mit Gewalt, und die Welt so gestaltet, wie wir das erwarten. Gott regiert eben nicht wie ein Monarch im Sinne von Herodes oder Augustus, in deren Schatten das Leben Jesu beginnt. Er ist kein autokratischer Herrscher.

Denn würde er uns dabei nicht wie Marionetten behandeln? Was wäre mit unserer Freiheit, mit unserer Verantwortung die immer auch eine zum Guten oder zum Bösen ist, zur Gerechtigkeit oder zur Ungerechtigkeit, zum Frieden oder zur Gewalt?

Gott ist allmächtig, indem er die Freiheit besitzt und die Freiheit nutzt, um Mensch zu werden. Gott ist allmächtig, indem er die Freiheit besitzt und die Freiheit nutzt, um auf Gewalt zu verzichten. Wann wäre je Frieden mit Gewalt geschaffen worden. Vielleicht das Ende von Kriegen und Waffenstillstand, aber wirklicher Frieden? Selbst die Aufklärung und die Vernunft, selbst Zivilisation und Fortschritt, Demokratie und die Erklärung der Menschenrechte, haben das nicht vermocht.

Gerechtigkeit und Frieden auf dieser Welt wird Gott nicht herbeizaubern. Er wird uns beides nicht frei Haus liefern. Wir müssen schon unsere Verantwortung wahrnehmen und etwas dafür tun. Sie beginnen bei uns. Das heißt nicht ganz. Sie beginnen bei Gott und begegnen uns in dem Kind zu Bethlehem, das nicht Kind blieb. Wir können uns von Christus anrühren und bewegen lassen. Das Geschenk von Gottes Barmherzigkeit und seiner Liebe dürfen wir annehmen und leben. Wir können von Jesus lernen, indem wir uns auf ihn einlassen. Denn genau das bedeutet ja Glaube, Begegnung mit ihm zu suchen, auf seine Stimme zu hören und seinem Weg zu folgen. AMEN.

Gottesdienst Altjahrsabend 2013

Wochenspruch: „Barmherzig und gnädig ist der Herr, geduldig und von großer Güte.“ (Ps. 103,8)

Predigttext: „Jesus Christus gestern und heute und derselbe auch in Ewigkeit. Lasst euch nicht durch mancherlei und fremde Lehren umtreiben, denn es ist ein köstlich Ding, dass das Herz fest werde, welches geschieht durch Gnade…“ (Hebr. 13,18-19b)

Liebe Gemeinde,
wir stehen am Ende des Jahres und feiern heute in unserer Kirche den letzten Gottesdienst in 2013. Es sind nur noch wenige Stunden, dann beginnt das Jahr 2014. Ich weiß nicht, liebe Gemeinde, ob Sie wie ich die Schnelllebigkeit der Zeit empfinden. Jahreswechsel? Hatten wir das nicht gerade erst? Wo ist die Zeit geblieben, oder genauer, das zu Ende gehende Jahr. Ein Jahr liegt hinter uns, ein neues beginnt. Eben noch steckten wir in Vorbereitungen für das Weihnachtsfest und jetzt stehen die Planungen für ein neues Jahr an, d. h. an Terminen für Veranstaltungen in unserer Gemeinde und auch private Planungen. Schaue ich auf meinen Terminkalender, so stelle ich fest, dass viele Eckpfeiler des neuen Jahres bis Dezember bereits heute feststehen. Vielen anderen Menschen geht es genauso. Wir haben uns angewöhnt über Zeit und Zukunft zu verfügen, als könnten wir sie machen, als gehörten sie uns, als wären sie ein fester Besitzstand. Dabei sind Zeit und Zukunft, und natürlich auch unser eigenes Leben, Geschenke. Wir haben uns ebenso wenig selbst geschaffen wie die Zeit und keiner von uns weiß, wie lange er Leben wird und Zeit füllen darf.

Auf die Frage, was gute Schriftsteller und Künstler auszeichnet, antwortete mir vor langer Zeit mein damaliger Deutschlehrer, dass sie in der Lage sind, das Typische, das Repräsentative und Prägende einer Zeit darzustellen, mehr noch, die Zeit festzuhalten; merkwürdigerweise ist mir dieser Ausspruch nach so vielen Jahren, ich habe vor über 36 Jahren die Schule verlassen, immer noch erinnerlich. In den Buddenbrooks etwa und anderen Werken hält Thomas Mann eine Zeit fest, die es nicht mehr gibt, mithin auch das Leben in dieser Stadt mit ihren Menschen, Charakteren, Standes- und Moralvorstellungen, die unwiederbringlich vergangen ist. Heinrich Böll und Siegfried Lenz halten die Nachkriegsjahre mit ihren Büchern lebendig. Hans Fallada beschreibt sehr plastisch das Leben zwischen den Weltkriegen. Viele Autoren und Epochen könnte ich nennen. Nun sind wir nicht alle Schriftsteller und Künstler, aber wer von uns hat nicht das Bedürfnis in dieser schnelllebigen Welt die Zeit gelegentlich festzuhalten. Nicht ständig auf das Nächste und Übernächste zu schauen, das getan werden muss, sondern ganz im Augenblick zu Leben; ja, sich dem Augenblick zu überlassen, ihn auszukosten, ihn zu genießen. Frei von Reizüberflutungen, die uns über Fernsehen, Internet, Druckerzeugnisse und sonstige Medien permanent überschwemmen.

Als Ursache für die schnelllebige Zeit wird von Theologen, Psychologen aber auch von Soziologen immer wieder angeführt, dass Menschen mit dem Verlust des Gottesglaubens auch die endzeitliche, die sog. „eschatologische Dimension“ verloren haben. Für ein Leben nach dem Tode oder eine Zeit jenseits der Geschichte, an der wir teilhaben dürfen, gibt es nach diesem Denken keinen Raum. Für viele Menschen gibt es nur das Jetzt und das Heute. Leben bedeutet Genuss und materielle Lebensqualität und zwar sofort. Das Leben wird als kurz und begrenzt erlebt, deshalb muss in wenigen Jahren alles an käuflicher Lebensqualität in unserer „Erlebnisgesellschaft“ zusammengerafft werden, was die Welt für uns hergibt. In diesem Denken spielt die Vergangenheit keine Rolle mehr sondern allein die Gegenwart und die begrenzte Zukunft, die uns auf diesem Planeten vergönnt ist.

Im Ergebnis taumeln viele Menschen wie „Treibgut“ durch die Zeit. Vielleicht nicht immer auf der Suche nach „mancherlei und fremde Lehren“, wie es unser Predigttext ausspricht, aber doch nach Moden und Trends, nach schnellen und schicken Autos und die neuesten Errungenschaften von Apple und Microsoft, immer mit der Sorge etwas zu versäumen und damit das Leben zu verpassen. Die Suche nach Lebenssinn erschöpft sich im Konsum.

Aber macht all das, das Leben aus? Der Verfasser des Hebräerbriefes nennt ein anderes Lebensziel, nämlich ein „festes Herz“, das nicht käuflich zu erwerben ist, sondern Gott uns schenkt aus Gnade. Das Herz steht für die Person mit ihrem festen Willen und einem klaren Standort. Es umfasst aber auch Gefühle, Überzeugungen und steht für das Innerste des Menschen; eben für all das, was einen Menschen unverwechselbar macht. Und Gnade, liebe Gemeinde, bedeutet ja, dass es sich dabei um ein Geschenk Gottes handelt. Zugleich unternimmt der Verfasser des Hebräerbriefes eine menschliche Wesensbeschreibung: „Denn wir haben hier keine bleibende Stadt, sondern die zukünftige suchen wir.“ (Hebr. 13,14) Aus diesen Worten klingt Gelassenheit im Umgang mit der Zeit und der Bemessenheit unseres Lebens hier. Als Kirche bilden wir das wandernde Gottesvolk, das seinen Ursprung, seine Gegenwart und seine Zukunft aus Gott schöpft. Sie ist die Gemeinschaft von Menschen, die der Glaube an Gott miteinander verbindet, sie ist das Volk Gottes.

Wie, liebe Gemeinde, kann es uns gelingen, die Zeit fest zu halten? - so lautete ja die Eingangsfrage. Im Sinne unseres Predigttextes gibt es dafür eine ganz wichtige Voraussetzung. „Jesus Christus gestern und heute und derselbe auch in Ewigkeit.“(Hebr. 13, 8) Ich denke, wir können die Zeit nur festhalten, wenn wir uns von Christus gehalten und geliebt wissen; wenn wir glauben, von ihm angenommen zu sein und zu ihm zu gehören, dann müssen wir unseren Lebenssinn nicht in materiellen Gütern suchen und dann müssen wir vor allem keine Angst davor haben, irgendetwas Wichtiges zu versäumen. Besonders die Vergangenheit und Vorstellungen von Zukunft eröffnen sich uns neu und können unsere Einstellung zur Gegenwart verändern. Die Bibel beginnt mit der Schöpfungsgeschichte und sie endet im Buch der Offenbarung des Johannes mit der Aussicht, dass Gott einen neuen Himmel und eine neue Erde schaffen wird; mehr noch, die letzten Verse der Bibel sind der Erwartung des wiederkehrenden Christus gewidmet. Christus spricht: „Ich bin das A und das O, der Erste und der

Letzte, der Anfang und das Ende.“ (Offb. 21, 22, 13) Christus umfasst unser ganzes Leben mit all seinen Höhen und Tiefen, mit Fröhlichem und Schmerzhaften, mit Geburt und Tod. Sein sind die Zeiten und Sein sind wir; im Leben und im Tode. Wir verdanken uns nicht uns selbst, vielmehr haben wir alle Tage Grund und Anlass Gott zu danken für unser Leben und für die Zeit, die er uns schenkt.

In der Feier des Hl. Abendmahls kommen die zeitlichen Dimensionen, mit denen Christus uns umfasst und hält sehr deutlich zum Ausdruck.

Unseren Glauben auf dem wir stehen, verdanken wir einem Geschehen der Vergangenheit. Christus ist gekommen um die Herrschaft Gottes zu verkündigen und zu leben. Sein Anliegen bestand darin, für die hereinbrechende Herrschaft Gottes Glauben zu wecken. Im Abendmahl schenkte er sich selbst und stiftete bleibende Gemeinschaft. Auch unseren Glauben haben wir nicht uns zu verdanken, er hat seinen Grund vielmehr in Christus. Die Gemeinschaft von Christen, die es seit über 2000 Jahren gibt hat vor allem den Sinn, Glauben unter uns zu stärken und den Glauben an Christus weiter zutragen - wie es über 2000 Jahre auch geschehen ist, bei allen Missständen, die es innerhalb der Kirche gab und gibt.

Unseren Glauben, liebe Gemeinde, verdanken wir dem gegenwärtigen, lebendigen Christus und seinem Geist. Christus sollte für uns keineswegs eine verklärte Gestalt der Vergangenheit sein und bleiben. Er ist durch sein Wort bei uns, und bei uns ist er auch in der Feier des Hl. Abendmahls. Wir feiern zuallererst kein Erinnerungsmahl, sondern wir begehen Gemeinschaft mit dem anwesenden Christus.

Und schließlich, liebe Gemeinde, feiern wir das Hl. Abendmahl in Erwartung und als Vorwegnahme der einstigen, der zukünftigen Mahlgemeinschaft mit ihm.

All das verbürgt uns sein Wort und seine Person. Wirklichkeit für uns werden diese Gedanken durch den Glauben, der immer wieder Nahrung braucht. Wir benötigen sein Wort und seine Stimme um uns auch im neuen Jahr zu orientieren; aber auch Menschen die uns auf unserem Weg durch die Zeit verlässlich beistehen. Ich wünsche uns, dass das gelingt und wir Christus Raum geben in unserem Leben. Es wäre ein wichtiger Schritt gegen die Schnelllebigkeit unserer Zeit, die so viele unnötige Bedürfnisse und noch mehr Lärm schafft. AMEN.

Gottesdienst am 06.01.2013 Epiphanias

Wochenspruch: „Die Finsternis vergeht, und das wahre Licht scheint jetzt.“ (Joh. 2,8 b)

Predigttext: Matthäusevangelium 12,1-12

Liebe Gemeinde,
den heutigen Tag belegen wir mit verschiedenen Namen. In den christlich-orthodoxen Kirchen des Ostens, etwa in Russland, wird heute das „Weihnachtsfest“ begangen - fast zwei Wochen nach unserem Heiligen Abend. Dazu will der Predigttext für den Heutigen 6. Januar auch gut passen. In der Regel werden bei den Krippendarstellungen Motive der Weihnachtsgeschichte nach Lukas mit der Geschichte nach Matthäus verbunden. So finden sich bei Lukas neben Maria, Josef und dem Jesuskind, Hirten und Schafe, Ochs und Esel sowie der mächtige römische Kaiser Augustus. Bei Matthäus und nur bei Matthäus ist die Rede von Weisen aus dem Morgenland, vom Stern der sie nach Bethlehem führt, von dem jüdischen König Herodes und kostbaren Geschenken wie Myrrhe, Weihrauch und Gold für das Kind. Unsere Geschichte erscheint wie eine Ergänzung oder Fortsetzung der Weihnachtsgeschichte nach Lukas. Sie setzt nach der Geburt des Kindes ein.
Eine andere Bezeichnung für den heutigen Tag lautet „Epiphanias“, was so viel bedeutet wie „Erscheinung einer Gottheit“ in dieser Welt, genauer: das „Erscheinen Jesu Christi“, sein gesamtes Wirken und Leiden. In Christus ereignet sich demnach die Erscheinung Gottes in dieser Welt, Offenbarung oder göttliche Selbstmitteilung und zwar für uns. Christus bringt das Licht Gottes in unsere Welt, Zeichen seines Reiches, das kommen wird.
Und eine dritte Bezeichnung, die in überwiegend katholisch geprägten Gebieten für den heutigen Tag gebräuchlich ist, lautet schlicht: „Heilige drei Könige“.

Seit dem 2. Jahrhundert n. Chr. wurden aus den „Weisen aus dem Morgenland“ die „Hl. Drei Könige“ und ihnen wurden sogar Namen beigelegt: Caspar, Melchior und Balthasar. Die Zahl „drei“ sollte wahrscheinlich die damals bekannten Erdteile symbolisieren, mithin die ganze Welt: Asien, Europa und Asien. Die dargebrachten kostbaren Geschenke ließen darauf schließen, dass es sich bei Ihnen um Könige handelte. In Travemünde waren in den letzten Tagen die Sternsänger unterwegs. Heute findet in der St. Lorenz-Kirche der Abschluss dieser Aktion statt. Häuser wurden gesegnet mit der Aufschrift CMB, was allerdings nichts mit den drei Königen und den Anfangsbuchstaben ihrer Namen zu tun hat, sondern einfach bedeutet: „Christus mansionem benedicat“- Christus segne dieses Haus.

Die Geschichte von den Weisen aus dem Morgenland ist uns, liebe Gemeinde, vertraut. Gleichwohl wirft sie Fragen auf. Wer waren die Weisen? Und wie viele machten sich damals auf den Weg? Nach dem Sprachgebrauch des NT werden sie als „Magoi“ bezeichnet. Dahinter verbergen sich verschiedene Übersetzungsmöglichkeiten, auf die ich hier nicht weiter eingehen kann. Wichtiger erscheint mir, was sie verbindet. Sie sind Heiden. Sie sind Suchende. Sie machen sich auf den Weg. Sie bleiben nicht bei sich, sondern sind offen. Sie erwarten etwas –etwas von Gott. Ihr Weltbild und ihre Meinungen sind nicht abgeschlossen, sie öffnen sich für etwas Neues. Sie folgen einem Stern, der sie ganz offenkundig fasziniert und leitet. Sie sind auf der Suche nach dem neugeborenen „König der Juden“ –über dem Kreuz Jesu werden Jahre später diese Worte stehen: „Und oben über sein Haupt setzten sie eine Aufschrift mit der Ursache seines Todes: Dies ist Jesus, der Juden König“(Mt. 27,37). Von der Krippe bis zum Kreuz. Jesu Weg gleicht nach unseren Maßstäben keiner Erfolgsgeschichte. Die Weisen machen sich auf dem Weg zum „Messias“, zum „Sohne Gottes“, sie sind auf der Suche nach Gott, der sich uns in Christus mitteilt, uns in ihm sein menschliches Antlitz zuwendet. Die Suche nach Wahrheit, letzter Wahrheit, treibt sie um. Sie kommen, um den neu geborenen König anzubeten.

Zu dem Stern. Viele Astronomen haben zu erforschen versucht, ob es zurzeit Jesu eine ungewöhnliche Sternenkonstellation gab, die das Phänomen erklären könnte. Ich glaube, dass diese Bemühungen am Thema vorbeigehen. Sterne galten damals als Boten des Himmels, als Zeichen Gottes. Ein Gedanke, der uns wahrscheinlich eher fremd ist.

In Castel Gandolfo, der päpstlichen Sommerresidenz, gab es bis in die 70-iger und 80-iger Jahre hinein eine sehr angesehene Sternwarte mit beeindruckender Ausstattung. Ihre Tätigkeit musste schließlich eingestellt werden, weil die nahe gelegene Stadt Rom mit ihrem ständigen Lichtpegel den Blick ins All immer mehr erschwerte. Das von Menschenhand erzeugte Licht verdrängte mehr und mehr das Licht der Sterne und Planeten, das Licht des Himmels. Heutzutage stehen die großen Sternwarten in weit abgelegenen Gebieten Amerikas, u. a. in Chile und Peru.

Unsere Verehrung gilt oft sog. Stars und manchmal auch Starlets, Sternchen. Seien es Schauspieler oder Schauspielerinnen, Musikerinnen und Musikern, Sängerinnen und Sängern, Künstlerinnen und Künstlern, Sportlerinnen und Sportlern. Warum eigentlich? Ich denke, sie bringen Licht in unser Leben, in unseren Alltag, der oft grau ist. Sie stehen im Glanz des Erfolges, den wir in unserem Leben nicht immer verspüren. In Hollywood gibt es am berühmten „Sunset Strip Boulevard“ den sog. „walk of fame“, mit den Sternen berühmter überwiegend amerikanischer Filmschauspielerinnen und Filmschauspieler. Sie bringen aber auch ein trügerisches Licht, das nur allzu oft das göttliche Licht zu überstrahlen versucht- denn es handelt sich bei ihnen nun einmal um Menschen, mit ihren Schwächen und Fehlern.

Wir hörten, dass die Weisen nach Jerusalem kamen, aber den Stern aus den Augen verloren hatten. Sie müssen fragen, sich neu orientieren. Über Jerusalem jedenfalls leuchtet der göttliche Schein offenkundig nicht. Er fehlte dort. König Herodes „erschrak“ angesichts der Frage nach dem „neugeborenen König der Juden“. Als Machtmensch und brutaler Regent, der nichtjüdischer Herkunft war und nicht dem Hause Davids entstammte, fürchtete er um seine Herrschaft. Er erscheint als selbst bezogen und durchtrieben, nur an Erhalt seiner Stellung interessiert. Schließlich ruft er die Schriftgelehrten und Hohepriester zusammen um ergründen zu lassen, wo der neu geborene König der Juden auf die Welt kommen soll. Was nach Hilfe und Unterstützung für die Weisen aussieht, folgt letztlich eigenen Interessen und dem Machterhalt. Es ist absehbar, dass Herodes einen unliebsamen Konkurrenten, Jesus den neugeborenen König, beseitigen lassen möchte. Er kann sich Könige und ihre Art zu herrschen nur am eigenen Beispiel vorstellen. So ordnet er später den Kindermord in Bethlehem an. Die Hohepriester und Schriftgelehrten erforschen rasch, wo der neue König geboren werden soll, nämlich in der Davidstadt Bethlehem.

Es ist vielleicht verständlich, dass Herodes den Weisen nicht folgt. Anders verhält es sich mit den Schriftgelehrten und Pharisäern, mit den Theologen und den Hütern von Tempeldienst; Kult und Tempel in Jerusalem, dem wichtigsten Heiligtum der Israeliten. Mag sein, dass sie gelehrt und gebildet sind, angesehen und mächtig, aber offenkundig haben sie an sich selbst genug. Theologisches Wissen und theologische Diskussionen sowie gelehrter Austausch öffnen noch nicht den Glauben oder den Wunsch, dem Stern zu folgen und das Kind zu suchen, den neugeborenen König der Juden zu sehen und ihm zu huldigen. Sie belassen es bei reinem Bücherwissen. In ihnen brennt nichts mehr. Sie sind nicht wirklich offen für Gottes Handeln und Gottes Gegenwart. Später erscheinen die Schriftgelehrten als die Widersacher auf dem Wege Jesu. Sie und die Pharisäer stehen in Opposition zu ihm, weil er nicht so glaubt wie sie. Die Freiheit Jesu gegenüber dem Gesetz ist ihnen ebenso fremd wie seine Annahme der Sünder und jener Menschen, die damals nichts galten. Und schließlich sind es die Hohepriester die in Jerusalem gegenüber der römischen Besatzungsmacht die Tötung Jesu betreiben, weil er den Tempel und seine Einnahmen in Frage stellt – und damit auch ihre Macht und ihren Reichtum.

Vielleicht können die Weisen in Jerusalem den Stern nicht erkennen, weil die Stadt eingetrübt und vernebelt ist durch Machtkämpfe, Eitelkeiten und Rechthaberei.

Jenseits von Jerusalem erscheint den Weisen wieder der Stern, den sie im

Morgenland gesehen hatten. Er steht leuchtend über einem armseligen Stall in Bethlehem. Ausdrücklich wird von ihrer „Freude“ darüber gesprochen, einer Freude, die sie in Jerusalem nicht angetroffen haben. Der Schluss und Höhepunkt der Geschichte ist schnell erzählt. Die Weisen gingen an die Krippe, vielen nieder, beteten das Kind an und brachten ihm kostbare Geschenke: Gold, Weihrauch und Myrrhe. Sie bringen ihm königliche Geschenke, wie es bei Inthronisationen damals üblich war. Die Weisen unterwerfen sich dem neugeborenen König der Juden, dem Sohne Gottes, und sie erkennen in dem Kind den wahren Gott, den es anzubeten gilt. Ziel ihres Weges ist Gott. Sie sind nicht gekommen um sich einen Namen zu machen, oder um ein gelehrtes Buch zu schreiben, sondern um anzubeten, anzuerkennen, dass es jemanden gibt, der größer ist als sie und wir. Dabei geht es nicht um blinde Unterwerfung, womöglich aus Angst vor Eigenständigkeit und Verantwortung. Vielmehr geht es im Glauben darum, durch die Orientierung und durch das Gespräch mit Christus eigenständig und verantwortungsvoll zu werden und zu bleiben. Wer betet, der dankt Gott, der bittet Gott, der setzt sich in Beziehung zu Gott, der spricht mit Gott und bleibt nicht bei sich und seinen Egoismen und dem was in der Welt raue Wirklichkeit ist. Herodes und die Schriftgelehrten leben uns das in abschreckender Weise vor.

Aber welchem Stern, liebe Gemeinde, können wir folgen. Welcher Stern führt uns hinaus zu Gott?

Das Wort Gottes ist der wahre Stern, das Wort Gottes ist die große Nova, in der aus der Schwachheit menschlicher Rede plötzlich die unendliche Lichtkraft göttlicher Wahrheit durchbricht und uns zur Wegweisung wird. Dieser Nova, dem leuchtenden Stern von Gottes Wort folgen wir. Wenn wir mit ihm leben in der Kirche Gottes, in der dieses Wort sein Zelt aufgeschlagen hat. Im Kern ist der neugeborene König der Juden, der Messias, der Christus, Gottes Wort und Gottes Gegenwart in dieser Welt. Gott spricht durch seinen Sohn zu uns. Und dieser Sohn, liebe Gemeinde, ist ansprechend und voller Liebe für uns Menschen, zu jedem einzelnen von uns. Es ist an uns, Christus das Licht der Welt, nicht unter den Scheffel zu stellen, sondern mit ihm zu leben, sein Licht strahlen zu lassen unter den Menschen, besonders unter denen in unserer Nähe. Wir sollen und wir können als Zeugen Christi selbst Licht werden in dieser Welt; auch dann, liebe Gemeinde, wenn es uns nicht möglich ist so hell zu erstrahlen wie er. AMEN.

Gottesdienst am So., d. 13.01.2013 / 1. Sonntag nach Epiphanias

Wochenspruch: „Welche der Geist Gottes treibt, die sind Gottes Kinder." (Röm.8,14)

Predigttext: Johannesevangelium 1,29 - 34

Liebe Gemeinde,
mit der Taufe durch Johannes den Täufer beginnt das öffentliche Wirken Jesu. Von diesem Ereignis berichten alle vier Evangelisten, so unterschiedlich sie in ihren Darstellungen sonst mitunter auch sein mögen. Dieses Wissen, liebe Gemeinde, ist ein wichtiger und sicherer Kernbestand dessen, was wir über Jesus von Nazareth mit Gewissheit sagen können. Die Taufe durch Johannes markiert im Leben Jesu einen wichtigen Einschnitt. Der Evangelist Lukas schreibt: „Und Jesus war, als er auftrat, etwa dreißig Jahre alt…"(Lk. 3, 23)
Er lebte vorher in Nazareth, wo er das Handwerk des Zimmermanns erlernt und diesen Beruf lange Jahre ausgeübt hatte. Mit seinen dreißig Jahren galt Jesus nach damaligen Verhältnissen als reifer Mann. Die Menschen wurden zu seiner Zeit in der Regel kaum älter als 40 oder 50 Jahre. Er führte sehr wahrscheinlich so etwas wie ein zurückgezogenes, ruhiges und arbeitsreiches Leben in der Provinz, in dem unbedeutenden Ort Nazareth. Doch eines Tages wurde für ihn alles anders. Und genau dieser Wendepunkt, liebe Gemeinde, wird mit der Taufe durch Johannes gesetzt. Danach ist das Leben Jesu gekennzeichnet von Wanderschaft, Heimatlosigkeit, einem Dasein, das von Almosen und Spenden getragen wurde und natürlich von einem sehr starken, innigen und radikalen Glauben an Gott, der sein Leben und Denken ganz und gar bestimmen sollte. Ja, er begab sich voller Vertrauen in die Hand Gottes. Ich denke an die Berufung und Unterweisung seiner 12 Jünger, die das „neue Israel", die 12 Stämme, repräsentierten, die am Ende der Zeiten neu gesammelt werden sollten. Und ich denke, liebe Gemeinde, an seine

Verkündigung der hereinbrechenden Herrschaft Gottes, der er mit Worten und Taten bereits während seines Wirkens Geltung verschaffte – etwa durch Gleichnisse und Heilungen. Sein öffentliches Wirken währte wahrscheinlich kaum länger als ein Jahr und endete mit der Passion und dem Kreuz. Es begann neu und anders mit der Auferweckung von den Toten und der Sendung des hl. Geistes, des „Trösters", wie der Evangelist Johannes sagt. Und Jesus, der Christus, ist auch heute am Wirken und er ist auch unter uns gegenwärtig. Dieser Glaube verbindet uns. Unsere Gottesdienste dienen nicht der Erinnerungspflege aus, sondern sollen und wollen zum Glauben an den lebendigen Sohn Gottes rufen und ihn festigen.

Mit der Taufe durch Johannes, liebe Gemeinde, veränderte sich das Leben Jesu völlig. Die Taufe am Jordan steht für einen Übergang, für eine Schwelle. Jesus verlässt gewohnte Wege um Gottes Ruf zu folgen. Die Taufe des Johannes steht für Umkehr, für eine Neuausrichtung des ganzen Lebens am Willen Gottes. Nicht das eigene Ich, das eigene Ego sollen Richtschnur für den eigenen Weg sein, sondern Gott. Auch Jesus verkündet die Umkehr zu Gott. Er spricht sich gegen Egoismus und Selbstgerechtigkeit aus, die nur und nur das eigene Ich, die eigenen Bedürfnisse und Egoismen im Blick haben. Doch im Mittelpunkt der Welt stehen nicht wir, sondern Gott, der Himmel und Erde geschaffen hat und einen neuen Himmel und eine neue Erde schaffen wird, in der Gerechtigkeit herrscht. Das, liebe Gemeinde, bedeutet einen grundlegenden Perspektivwechsel, in den wir uns hineinbegeben sollen. Indem wir Gott sehen und achten, sehen auch wir uns mit neuen Augen. Es ist die Perspektive des Glaubens. Doch geht es nicht darum, den Menschen klein zu machen oder ihn zu entmündigen. Ganz im Gegenteil: Gott selbst wird Mensch, um uns Menschen nahe zu sein. Er kommt in diese Welt, weil wir ihm wichtig sind, weil er uns achtet und wertschätzt und liebt - ja, Liebe ist der angemessenste Ausdruck. Er nimmt Anteil an unserem Leben, indem ihm nichts Menschliches fremd bleibt, auch nicht Leid, Schmerz, Tränen, Angst und auch nicht der Tod. In Christus ist Gott der „Immanuel", der Gott mit uns, dessen Kommen der Prophet Jesaja ankündigte. Gott wird Mensch, um sich mit uns zu versöhnen. Er bietet uns in Christus Vergebung an.

Unser Predigttext, liebe Gemeinde, enthält keine Beschreibung der Taufe Jesu am Jordan. Wir erfahren auch nichts über die Verkündigung des Täufers. Stattdessen werden wir mit einem sehr inhaltsreichen Zeugnis des Johannes konfrontiert. Er sagt uns sehr direkt und sehr anschaulich, wer Jesus ist. Seine Worte klingen wie ein kompaktes Glaubensbekenntnis, das er auch zu uns spricht und uns nahe legt.

Der erste Gedanke: Am Anfang des Textes überrascht, das Johannes Jesus als „Lamm Gottes" bezeichnet, „das der Welt Sünde trägt". Jesus hat sein Wirken noch nicht einmal begonnen - keine Gleichnisse, keine Seligpreisung sind über seine Lippen gegangen - er hat noch niemanden geheilt, keinen Menschen von Blindheit und Aussatz befreit und noch niemandem die Sünden vergeben sowie keinen Streit mit Schriftgelehrten und Pharisäern ausgetragen, und doch, und doch, liebe Gemeinde, sieht der Täufer Jesus vom Ende seines Weges und seiner Bedeutung her. „Christe, du Lamm Gottes, der du trägst die Sünd der Welt, erbarm dich unser..." Mit diesen Worten, liebe Gemeinde, werden wir nachher im Abendmahlsteil singen. Christus, das Lamm Gottes, legt Gedanken an die Passion, den Leidensweg Jesu und seine Heilsbedeutung für uns nahe. Für den Evangelisten Johannes gilt, dass Jesus, das neutestamentliche Passalamm, zur eben derselben Stunde stirbt, als im Tempel die Lämmer für das Fest geschlachtet werden (Joh. 19,39). Biblisch und vor allem alttestamentlich gesprochen, besitzen er und sein Blut dieselbe Sühnekraft wie die Lämmer, die im Tempel geopfert wurden - nicht nur zum Passafest. Seit dem Tode und der Auferweckung Jesu von den Toten besitzen Opferkulte, vollzogen an Tieren, für uns keinerlei Bedeutung mehr. Befreiung von Schuld, Vergebung und Heilung haben ihren Grund in Christus und seinem Willen, in seiner Liebe zu uns und nicht im Blut unschuldiger und unbeteiligter Tiere. Christus steht auch für das Ende von Tieropfern. Sein Wirken ist nicht überbietbar. Jesus bietet uns Versöhnung mit Gott an. Uns selbst ist es hingegen nicht möglich, aus eigenen Kräften oder mit dem Opfer von Tieren Versöhnung mit Gott herbeizuführen. Auch heute gelten Aufforderung und Appell des Paulus: „So sind wir nun Botschafter an Christi statt, denn Gott ermahnt durch uns; so bitten wir nun an Christi statt: Lasst euch versöhnen mit Gott!“ (2. Kor.5,20)

Der zweite Gedanke: Johannes geht Jesus voraus. Im Lukasevangelium erfahren wir, dass Johannes der Täufer ein halbes Jahr älter ist als Jesus. Aber das ist nur die halbe Wahrheit. Der Evangelist schreibt: „Dieser ist´s, von dem ich gesagt habe: Nach mir kommt der Mann, der vor mir gewesen ist, denn er war eher als ich“. Theologen, liebe Gemeinde, sprechen in diesem Zusammenhang gerne von der „Präexistenz“ des Christus. Im Kolosserbrief bezeugt der Apostel Christus als das Ebenbild des unsichtbaren Gottes „dem erstgeborenen vor aller Schöpfung“(Kol. 1,16), in „welchem verborgen liegen, alle Schätze der Weisheit und der Erkenntnis.“(Kol. 2,3). Das Bild von der Jungfrauengeburt, wie es uns die Evangelien nahe bringen und wir es im Glaubensbekenntnis miteinander sprechen, will genau dieses zum Ausdruck bringen: „Ich glaube an Jesus Christus, Gottes eingeborenen Sohn, unseren Herrn, empfangen durch den heiligen Geist, geboren von der Jungfrau Maria…“ Dieser Jesus Christus kommt ganz von Gott her, er ist eins mit dem Vater. Mit ihm kommt Gott selbst in diese Welt. Des Weiteren geht es hier nicht um biologische Erklärungen für die Geburt Jesu, sondern um eine Glaubensaussage, mehr noch um eine Wesensbeschreibung für die Person und das Wirken Jesu. Für den kritischen und skeptischen Verstand bleibt diese Aussage unfassbar, also unbegreiflich. Epiphanias, liebe Gemeinde, bedeutet ja gerade dies, dass Gott, dass sein Licht, in dieser Welt erscheint und leuchtet. In diesem Sinne hat Glaube viel mit Vertrauen, mit Offenheit und Fröhlichkeit zu tun und lädt uns dazu ein.

Und die dritte Aussage: Der Evangelist Johannes berichtet von der Taube, die während des Taufvorganges auf Jesus herabkam und auf ihm blieb. Sie steht für den heiligen Geist, als jener Kraft, in der Gott selbst wirkt und anwesend ist - auch heute. Jesus ist derjenige, wie es beim Evangelisten heißt, der „mit dem heiligen Geist tauft“. In der Tat ist das das Wesensmerkmal des Wirkens Jesu. In ihm wirkt Gottes Kraft, durch ihn geraten Menschen in Kontakt mit Gott - mit seinem Wort, mit seiner Kraft und seinem Geist. Christus ist das Wort Gottes durch das Gott zu

uns Menschen spricht und es ist sein Geist, der in uns Glauben schafft und uns immer wieder berührt.
Ich weiß, liebe Gemeinde, das klingt alles sehr abstrakt und vielleicht auch ein wenig nach Bibelkunde oder Unterricht. Gleichwohl soll deutlich werden, für unsere Köpfe ebenso wie für unsere Herzen, was der Evangelist Johannes meint. Mit Christus ist etwas Neues, Göttliches, Gott selbst, in unsere Welt gekommen, auch etwas Weltbewegendes und das seit 2000 Jahren. Gott durchbricht durch das Wirken seines Sohnes die Spielregeln dieser „Welt". Gott ist nicht im Himmel zu suchen, sondern auf der Erde. Nicht hoch droben, bei den Vornehmen und Mächtigen, sondern tief unten, in einem Stall und bei Menschen die Zuwendung, Vergebung und Zuspruch besonders nötig haben. Er predigt nicht Vergeltung und Gewalt sondern preist die Friedfertigen und Armen, die Traurigen und die Sanftmütigen selig. Im Philipperbrief bringt der Apostel Paulus das Gemeinte auf den Punkt: „Er, der in göttlicher Gestalt war, hielt es nicht für einen Raub, Gott gleich zu sein, sondern entäußerte sich selbst und nahm Knechtsgestalt an, ward den Menschen gleich und der Erscheinung nach als Mensch erkannt. Er erniedrigte sich selbst und ward gehorsam bis zum Tode, ja zum Tode am Kreuz. Darum hat ihn auch Gott erhöht und hat ihm den Namen gegeben, der über alle Namen ist." (Phil.2, 6-9)
Die „Taufe Jesu", das, liebe Gemeinde, ist das Thema des heutigen Sonntages. Taufe steht für Umkehr zu Gott, für ein Leben im Glauben das sich am Wort und Wirken Jesu orientiert, als dem Herrn, der über allen Herren dieser Welt steht. Taufe bedeutet schließlich auch, Gott zu bekennen, ebenfalls mit Worten und mit Taten. Durch die Taufe werden wir zu Christen. Aber Christ ist man nicht irgendwie nur für sich und mit sich. Wir sind aufgefordert ihn zu bekennen und sein Licht leuchten zu lassen, und zwar mitten in dieser Welt, die ihn braucht. AMEN.

Gottesdienst am Sonntag, d. 11.01.2015 / 1. Sonntag nach Epiphanias

Wochenspruch: „Welche der Geist Gottes treibt, die sind Gottes Kinder.“ (Röm. 8,14)

Predigttext: Matthäusevangelium 3, 13-17

Liebe Gemeinde,
am vergangenen Dienstag, dem 6. Januar, war der sog. Epiphaniastag. Epiphanie steht für „Erscheinung“, gemeint ist das „Erscheinen Christi“ in dieser Welt, der Beginn seines Auftretens, seines Wirkens. In katholisch geprägten Regionen werden im Blick auf den 6. Januar vorzugsweise vom Tag der Heiligen Dreikönige gesprochen, deren Gebeine sich nach alter Überlieferung im Kölner Dom befinden sollen. In diesen Tagen, so auch heute sind selbst in Lübeck die Sternsänger unterwegs.

In den letzten Wochen stand in den Gottesdiensten die Erwartung des Kommens Christi im Vordergrund, so in der Adventszeit. Die Weihnachtstage waren natürlich geprägt vom Ereignis seiner Geburt. Nach den Festtagen haben wir gehört von Simeon und Hanna und am letzten Sonntag vom 12 jährigen Jesus im Jerusalemer Tempel. Übrigens handelt es sich dabei um die einzige Geschichte über und von Jesus aus seiner Kinder- bzw. Jugendzeit und vor dem Beginn seines eigentlichen Wirkens, das er mit etwa 30 Jahren begann.

In der Literatur und auch in der theologischen Wissenschaft ist viel darüber spekuliert worden, was Jesus bis zu seinem 30 Lebensjahr gemacht haben könnte. Das einzige was wir über sein „Vorleben“ erfahren ist, dass er in Nazareth lebte und von Beruf Zimmermann war. Wir werden ihn uns als einen Mann vorzustellen haben, der Häuser gebaut hat. Seine Berufsbezeichnung weist im Urtext auf eine Tätigkeit hin, die mit Steinen und mit Holz zu tun hatte.

Mit der Taufe am Jordan durch Johannes den Täufer begann für Jesus ein neuer

Lebensabschnitt. Der Täufer geht seinem Wirken voran. Das, liebe Gemeinde gehört zu den unumstößlichen Tatsachen des Lebensweges Jesu und wurde deshalb von der christlichen Gemeinde als Ärgernis wahrgenommen. Jesus ließ sich von Johannes taufen. Nein, das ging nicht und findet sich in den Worten des Johannes wieder: „Aber Johannes wehrte ihm und sprach: Ich bedarf dessen, dass ich von dir getauft werde, und du kommst zu mir?“ (Mt. 3,14) Die frühe christliche Gemeinde sah in der Taufe Jesu durch Johannes so etwas wie eine Unterordnung. Wie kann ein einfacher Mensch den Christus, den Sohn Gottes taufen? Braucht der das denn überhaupt?

Johannes weist das Ansinnen Jesu zurück. „Wie komme ich dazu!“ Alle Evangelisten haben dennoch die Taufe Jesu am Jordan überliefert - auch gegen innere Widerstände. Das wiederum spricht für ihre geschichtliche Zuverlässigkeit. Daraufhin ergreift Jesus erstmals im Matthäusevangelium das Wort. Mit seiner Abwehr bringt Johannes der Täufer Jesus zum Sprechen. Seine Worte erscheinen dunkel: „Jesus aber antwortete und sprach zu ihm: Lass es jetzt geschehen! Denn so gebührt es uns, alle Gerechtigkeit zu erfüllen. Da ließ er es geschehen.“ (Mt. 3,16)

„Lass es jetzt geschehen“, Jesus antwortet geradezu mit einer Bitte an den Täufer. Zugleich wird deutlich, dass es nicht vorrangig um die beiden Männer geht, die sich am Jordan gegenüberstehen sondern um Gottes Gerechtigkeit, die Jesus den Menschen bringt und die er lebt. Johannes soll den Willen Jesu geschehen lassen und er zeigt sich Gehorsam gegenüber dem Willen Gottes im Himmel.

Das beinhaltet ein Kernanliegen des Matthäus. In Jesus erfüllen sich die alttestamentlichen Verheißungen. In ihm erscheint der Wille Gottes. Gott ist gerecht. Jesus ist die Gerechtigkeit Gottes die uns in und als Person vor Augen steht und der wir folgen, nachgehen und nachfolgen können.

Gottes Taten für Israel können nach alttestamentlicher Lesart als „Gerechtigkeit Gottes“ bezeichnet werden (Ri. 5,11/ Mi. 6,5). Gerechtigkeit steht für sein Heilshandeln an seinem Volk (Jes. 51,5/ Ps. 22,32 u. ö.) Gerecht ist, was dem Bund Gottes mit seinem Volk entspricht.

Die Taube als Symbol für den Hl. Geist bzw. den Geist Gottes verdeutlicht, dass Gott und sein Sohn eines Sinnes sind. Als Höhepunkt unseres Predigttextes gilt allgemein hin die Stimme aus dem Himmel, die Stimme Gottes. Wir hören diese Proklamation, das Bekenntnis Gottes zu Jesus noch einmal in der sog. „Verklärungsgeschichte."

Christus ist demütig und Gehorsam. Sein Weg bedeutet, den Willen Gottes des Vaters zu erfüllen. Um „Erfüllung" geht es bei Jesus und seinem Weg auf Schritt und Tritt. Er ist nicht einfach nur ein guter Mensch oder ein sog. „Gutmensch" wie Menschen verhöhnt werden, die nicht nur an sich denken. Er handelt aus innigster Verbundenheit mit seinem Gott heraus.

Aber wie, liebe Gemeinde, können wir diesen Text vor dem Hintergrund der zurückliegenden Woche hören. Ich denke dabei an die grauenhaften Terrorakte in Paris. Wir hören ja auch die Worte der Heiligen Schrift immer aus unserer jeweiligen Lebenssituation heraus die geprägt ist von Sorgen unterschiedlichster Art, von Freude oder Trauer, von Müdigkeit oder überschäumender Energie. Wir hören Texte und Gottes Wort mit 13 Jahren anders als mit 30 oder 80 Jahren. Wir bringen uns auch beim Hören immer mit, mit unserer Offenheit und Ablehnung, mit Interesse und Desinteresse, mit Voreingenommenheit und auch Vorurteilen. Wir verhalten uns niemals neutral sondern sind in der Regel geprägt von Meinungen und durch Personen.

Was im höchsten Maße irritiert ist der angeblich religiöse Fanatismus sog. „Islamisten", der sich in einem Blutbad entlädt. Man muss das Satiremagazin „Charlie Hedbo" mit seinen z. T. geschmacklosen und ätzenden Karikaturen oftmals religiösen Inhalts nun wirklich nicht mögen aber es gibt nichts, rein gar nichts, was ein solches Massaker rechtfertigt. Gleichwohl steht man als jemand der von sich nicht sagen kann: „ich bin Charlie" („je suis Charlie") im Verdacht intolerant zu sein und gegen die Pressefreiheit zu stehen – ja, die Geschehnisse von Paris sogar schweigend zu billigen.

Abseits der Terroranschläge von Paris gibt es, wenn nicht alles täuscht, ein zunehmend intolerantes und z. T. ein hysterisches Klima in Deutschland –

jedenfalls nach journalistischer Wahrnehmung. So gibt es Repräsentanten von Pegida die sich gegen die angebliche Islamisierung des christlichen Abendlandes zur Wehr setzen. Sie werden als Nazis, Schande für Deutschland, Abschaum, Mischpoke etc. pp. verschrien. Mischpoke kommt übrigens aus dem Hebräischen und bedeutet so viel wie Familie. In der Nazizeit wurde dieser Ausdruck abwertend und diskriminierend für Juden verwendet.

Die AfD wird immer wieder mit dem Vorwurf konfrontiert, zu einem Großteil aus Neonazis und Rechtsradikalen zu bestehen. In Hamburg wird derzeit Wahlkampf für die Bürgerschaftswahl geführt und man entdeckt als Außenstehender so gut wie kein unzerstörtes oder unbeschädigtes Wahlplakat der AfD. Wohlgemerkt, man muss sie nicht mögen aber Toleranz bedeutet eben auch Dinge zu akzeptieren, die wir nicht mögen. Das macht den Wert von Freiheit aus.

Auf der anderen Seite werfen Repräsentanten von Pegida den politischen Parteien völliges Versagen vor und die Presse wird insgesamt als parteiisch, einseitig, wenn nicht gar als „Lügen - oder Schweinepresse“ tituliert und diffamiert.

Diese Klima aus gegenseitigen Beschimpfungen zeugt von Intoleranz und Kleingeistigkeit.

Ich möchte die Inhalte nicht weiter kommentieren und es liegt mir nichts daran Partei zu ergreifen. Das führt letztlich nur dazu einem Feindbild „auf dem Leim zu gehen“. Was mich stört sind der Tonfall und die Selbstgerechtigkeit mit der man sich begegnet – oder besser noch, verbal übereinander herfällt. Gespräche, gegenseitiges Verstehen, differenzierte Betrachtungsweisen können in einem solchen Umfeld nicht gedeihen. Jeder meint Recht zu haben und die Gesellschaft vor Verführern und Verbrechern schützen zu müssen sowie dieses Land – wenn nicht gar das ganze christliche Abendland – retten zu müssen.

Was aber hat das mit dem Thema dieses Sonntages bzw. mit dem Predigttext zu tun.

Der Bericht über die Taufe Jesu am Jordan zeigt uns, wo Gerechtigkeit zu finden ist. Mt. 3 zeigt uns, wer der Gerechte ist und was es heißt nach Gottes Willen zu leben. Die Evangelien zeigen uns was es heißt, Jesus nachzufolgen und Gott in seinem Wort zu suchen.

Jesus hat Menschen, übrigens besonders sündigen und mit Fehlern behafteten Menschen, Achtung erwiesen und sie angenommen – dafür wurde er von den „Gerechten“ angefeindet und schließlich an das Kreuz geschlagen. Einer seiner schönsten Worte, gesprochen zu den gerechten Männern einer ehrbaren Stadt die eine Sünderin, eine Ehebrecherin ob ihrer Unmoral steinigen wollen lautet: „Wer von euch ohne Sünde ist, der werfe den ersten Stein.“ (Joh. 8,7)

Wir als Kirche stehen nach öffentlicher Wahrnehmung entweder für dogmatische Enge, Amtskirche, strenge Moral und Verlogenheit, Doppelzüngigkeit – das ist der gefühlte „Mainstream“, eine Sichtweise, liebe Gemeinde, die mir immer wieder begegnet und weit verbreitet ist. Daraus sprechen nicht unbedingt Kompetenz, Erfahrung, geistige Weite und Toleranz – eher doch das Gegenteil: Vorurteile, Enge und eine unbarmherzige Moral die Feindbilder braucht, um selbst im hellen Licht zu erstrahlen. Das sollte uns nicht weiter stören sondern uns darin bestärken Jesus zum Sprechen zu bringen, wie es einst Johannes der Täufer tat. AMEN.

Gottesdienst am Sonntag, d. 16.02.2014 / 3. Sonntag vor der Passionszeit (Septuagesimae)

Wochenspruch: „Wir liegen vor dir mit unserm Gebet und vertrauen nicht auf unsere Gerechtigkeit, sondern auf deine große Barmherzigkeit.“ (Dan. 9,18)

Predigttext: Römerbrief 9,14-24

Liebe Gemeinde,
wenn nicht alles täuscht, dann haben Glaube und Kirche einen zunehmend schwereren Stand in der Öffentlichkeit. Gott und seine Gebote, wie etwa das Ruhegebot am Sonntag, werden nicht nur öffentlich in Frage gestellt, sondern sollen offenkundig mehr und mehr aus dem öffentlichen Bewusstsein verschwinden. Auf der einen Seite soll die Kirche den Menschen, besonders den Heranwachsenden, Werte vermitteln; wenn sie jedoch bei den „Geschäften“ stört, soll sie schweigen.
Seit Monaten gibt es besonders an der nahe gelegenen Küstenregion Streit um die sog. „neue Bäderregelung“ - beschlossen übrigens von der Landesregierung, Vertretern der Gewerkschaften, den Kommunen, des Einzelhandelsverbandes und der Kirchen. Besonders in Timmendorfer Strand läuft eine regelrechte Kampagne gegen die Kirche. Sie wird dafür verantwortlich gemacht, dass Geschäfte am Sonntag nicht geöffnet werden dürfen, verbunden mit angeblichen Umsatzrückgängen und, so die Geschäftsinhaber, mit möglichen Entlassungen von Mitarbeiterinnen und Mitarbeitern. Das ist dann das sog. „Totschlagargument“ notleidender Juweliere und Boutiquenbesitzer. Die Kirche vernichtet angeblich Arbeitsplätze. An Schaufenstern, so ist in den LN zu lesen, hängen Plakate, in denen möglichen Kaufinteressenten mitgeteilt wird, dass die Geschäfte geschlossen bleiben müssen, weil die Kirche das so will. Ein Plakat

wird sogar mit dem Konterfei von Papst Franziskus verziert.
Worum geht es. Die neue Bäderregelung sieht vor, dass der Einzelhandel an den Urlaubsorten von Ost- und Nordsee nur noch an 36 Sonntagen - statt wie bisher an 46 Sonntagen - die Geschäfte öffnen darf. Das ist der Kern des Unmuts, ja des Ärgers über die Kirche. Gleichwohl geht es weniger um den Einfluss der Kirche, sondern vielmehr um die Geltung des Grundgesetzes in dem es laut Art. 139 heißt: „Der Sonntag und die staatlich anerkannten Feiertage bleiben als Tage der Arbeitsruhe und der seelischen Erhebung gesetzlich geschützt.“ Das GG wurde bekanntlich nicht von der Kirche formuliert und beschlossen.
Angeblich sei all das nicht mehr zeitgemäß, sagen die Geschäftsleute und jene, die am Sonntag gerne einkaufen.
Aber was bedeutet „zeitgemäß“. Ist damit gemeint, dass der Schutz der Sonntagsruhe dem Konsum und Kommerz an sieben Tagen in der Woche geopfert wird. Bedeutet „zeitgemäß“, dass sich alles den Bedürfnissen des Geschäftslebens, mithin des Umsatzes und der Gewinnsteigerung, unterzuordnen hat. Gilt nur noch die verzerrte Wirklichkeitswahrnehmung und Perspektive des Dollarzeichens im Auge.
Die Kirche steht, so die Geschäftsleute, gegen die Freiheit. Wessen Freiheit soll damit gemeint sein? Was bedeutet Freiheit nach dieser Denkweise?
Was ist mit der Freiheit der Mitarbeiterinnen und Mitarbeitern und deren Familien? Was bedeutet es für jeden einzelnen und die ganze Gesellschaft, wenn rund um die Uhr an sieben Tagen in der Woche in vielen Betrieben im Schichtdienst gearbeitet wird und die Geschäfte geöffnet bleiben?
Am Mittwoch der vergangenen Woche berichteten die LN über die Verhandlungen der im Landtag vertretenen Parteien für eine neue Landesverfassung.
Es sieht so aus, das es für den Gottesbezug in der Präambel der neu zu erarbeitenden Verfassung nicht die geforderte 2/3 Mehrheit im Landtag geben wird, so wie sie etwa im Grundgesetz verankert ist, wo es heißt: „Im Bewusstsein seiner Verantwortung vor Gott und den Menschen…hat sich das deutsche Volk

kraft seiner verfassungsgebenden Gewalt dieses Grundgesetz gegeben." Um nicht mehr und nicht weniger geht es bei den Verhandlungen um die neue Landesverfassung. Warum ist das zu viel verlangt?

Im Verfassungsentwurf für die EU- der übrigens noch nicht verabschiedet worden ist - haben die Verantwortlichen ebenfalls auf den Gottesbezug verzichtet, weil Gott angeblich nicht „mehrheitsfähig „ ist. Politikern, besonders den Abgeordneten verschiedener Parlamente scheint gelegentlich die Einsicht schwer zu fallen, dass es etwas Größeres und Bedeutenderes gibt als sie, den Gesetzgeber. Aus der Sicht unseres Glaubens gibt es eine Instanz jenseits von Öffentlichkeit, Presse, Statistik, Meinungsumfragen und Justiz, vor der wir uns mit unserem Gewissen, wohlgemerkt, unserem Gewissen, für unser Tun zu verantworten haben, rechenschaftspflichtig sind. Oder wie wir mit den Worten des Glaubensbekenntnisses sprechen: „Er (Christus) sitzt zur Rechten Gottes, des allmächtigen Vaters; von dort wird er kommen, zu richten die Lebenden und die Toten." Für die Politiker wie auch für uns gilt, dass es etwas Größeres gibt als uns. Zu ergänzen wäre, dass die Muslime sich durch einen solchen Zusatz nicht ausgegrenzt fühlen. Vielmehr bejahen ihre Vertreter ihn ausdrücklich. Einerseits argumentieren Politiker unter Verweis darauf, dass der Gottesbezug in der Verfassung nicht mehr angemessen sei, weil Kirchen und Glaube angeblich kaum noch gesellschaftliche Bindekraft besitzen; auf der anderen Seite untergraben sie mit ihrer Ausgrenzung eben diese. Im Übrigen wären die politischen Parteien bei diesem Argument gut beraten, über ihre eigene gesellschaftliche Bedeutung und Bindekraft nachzudenken angesichts des dramatischen Schrumpfungs– und (Über-) Alterungsprozesses den sie erleiden. Von zunehmender Wahlabstinenz einmal ganz zu schweigen.

Kirchen sind nach wie vor die mit Abstand die größten Organisationen in diesem Lande und haben weit mehr Mitglieder als alle Parteien und Gewerkschaften zusammen. Rund 60% der Bevölkerung gehören den beiden großen Kirchen an. Nimmt man Mitglieder von Freikirchen hinzu, sowie Angehörige anderer Religionen, so gibt es über 70 % (Gott -) Gläubige in diesem Land- wie kann man das ignorieren? Aber jenseits dieser Zahlenspiele gilt, dass die Wahrheit, dass die Existenz Gottes und sein Wort nicht abhängig ist von irgendwelchen Mehrheiten. Sie stehen und fallen nicht mit wie auch immer gearteten Mehrheitsbeschlüssen. In Diktaturen wie in der ehemaligen stalinistisch geprägten Sowjetunion oder im heutigen Nordkorea wurde oder wird Gott geleugnet, Gottesdienste unter Strafandrohung verboten. Christen sind heute weltweit die am stärksten verfolgte Gruppierung. Rund 100 Mio. unserer Glaubensbrüder und Glaubensschwestern leiden unter Verfolgung. Während der französischen Revolution wurde Gott für abgesetzt erklärt, bevor unter den Jakobinern der große Terror ausbrach. Gott ist nicht abhängig von unserem Votum oder irgendwelchen machtbewussten Irrlichtern, die sich an seine Stelle meinen, setzen zu können.

Unser Predigttext eröffnet uns eine andere und vor allem wohltuende Sicht auf Gott. Gott, der Allmächtige, der Schöpfer des Himmels und der Erde, muss nicht von uns erwählt werden, er erwählt uns. Nicht wir sind Schöpfer dieser Welt, sondern Gottes Geschöpfe. Der Apostel kann schreiben: „Hat nicht ein Töpfer Macht über den Ton, aus demselben Klumpen ein Gefäß zu ehrenvollem und ein anderes zu nicht ehrenvollem Gebrauch zu machen? Ja, lieber Mensch, wer bist du denn, dass du mit Gott rechten willst?“ Das sind starke Worte, bei denen wir vielleicht schlucken müssen, weil sie in Widerspruch zu unserem modernen Welt- und Menschenbild stehen. Paulus ringt um die Frage, ob auch die Juden seiner Zeit, die Christus nicht anerkennen, am Heil teilhaben können. Er gelangt in drei langen Kapiteln seines Briefes zu der Einsicht, dass auch Israel errettet wird. Der Apostel schreibt: „Denn von ihm (Gott) und durch ihn und zu ihm sind alle Dinge. Ihm sei Ehre in Ewigkeit. Amen!“ (Röm. 11,33) Gott ist der Grund allen Lebens, auch unseres; und er ist das Ziel all unserer Wege. Wir können auch sagen, dass der Mensch als sein Geschöpf auf Gott hin angelegt ist. Der Mensch ist von Natur aus ein Wesen, dass über sich hinausfragt, sich selbst transzendiert, d. h. sich selbst überschreitet, nach dem Sinn des Lebens und nach seiner und der Welt Zukunft fragt. Religion und Glaube sind etwas, was zu allen Zeiten Menschen unterschiedlichster Kulturkreise eigen war. Glaube und Religion sind etwas, was

zum Menschen wesensmäßig dazugehört. Paulus führt einen regelrechten Dialog mit sich selbst, um diese Einsicht zu vertiefen.
Gott ist seinem Wesen nach gerecht. Er hat das Recht der freien Entscheidung, das macht seine Souveränität aus. Gott hat die Macht und die Freiheit nach seinem Erbarmen zu handeln. Und das tut er. Das AT kennt den gnädigen und barmherzigen Gott, der sein Volk durch die Zeiten führt. Nach Auffassung des Paulus gilt das Erbarmen Gottes insbesondere auch weiterhin dem Gottesvolk Israel, das Christus nicht anerkennt. Gott kann handeln wie er will. Sein Tun kann nicht an menschlichem Gerechtigkeitssinn gemessen werden; denn er selbst setzt Gerechtigkeit. Wichtig ist ihm vor allem der Gedanke, dass wir Menschen aus uns heraus Gott nicht erkennen können. Wir können Gott nur erkennen, wenn er sich uns zu erkennen gibt; durch Offenbarung, durch seine göttliche Selbstmitteilung. Sei es durch die Propheten, sei es insbesondere durch Christus. Gottes Wesen ist Barmherzigkeit. Aus uns heraus sind wir nicht imstande, uns vor Gott so etwas wie Gerechtigkeit zu erarbeiten. „So liegt es nun", schreibt Paulus, „nicht an jemandes Wollen oder Laufen, sondern an Gottes Erbarmen." (Röm. 9,16)
Unser Predigttext endet mit dem Resümee des Paulus, dass Gott uns ruft und beruft. Und zwar unabhängig davon, was wir in dieser Welt und Gesellschaft darstellen. Egal ob wir Mann oder Frau sind, egal ob reich oder arm, ob gebildet oder ungebildet, unabhängig vom Alter und der Hautfarbe. Er beruft uns, damit wir an seiner Herrlichkeit teilhaben können. „Denn dazu hat er uns berufen, nicht allein aus den Juden, sondern auch aus den Heiden." (Röm. 9,24). Gott erwählt uns aus Barmherzigkeit, er geht auf uns zu, er will uns begegnen, er sucht uns und in Christus geht er uns nach, weil wir vor ihm einen unendlichen Wert besitzen. Jeder einzelne, und jede Einzelne von uns. Das macht unsere unverlierbare Würde und Größe aus. AMEN.

Gottesdienst am 13. 03. 2011 / 1. Sonntag der Passionszeit (Invokavit)

Wochenspruch: „Dazu ist erschienen der Sohn Gottes, dass er die Werke des Teufels zerstöre.“ (1. Joh. 3,8b)

Predigttext: 2. Korintherbrief 6, 1-10

Liebe Gemeinde,
seit dem vergangenen Mittwoch stehen wir in der Passionszeit. Mit dem Aschermittwoch ist nicht alles vorbei - allenfalls der unbeschwerte Frohsinn, das ausgelassene Treiben, besonders im Rheinland. Vielmehr wird uns eine neue Zeit im Rhythmus des Kirchenjahres eröffnet, die uns alle gleichermaßen angeht und beschäftigt. Heute am ersten Sonntag der Passionszeit, dem Sonntag Invokavit, geht es um das Leiden. Genauer, es geht um das Leiden des Apostels Paulus, das im engsten Zusammenhang steht zu seinem Christ Sein, seinem Apostolat und dem damit verbundenen Auftrag. Sein Leiden ist kein Zufall und steht in einem unübersehbaren Zusammenhang mit dem Leiden Christi und dieses nimmt im Rahmen der Kirche breiten Raum ein.

Ich denke an das Glaubensbekenntnis, das wir vorhin gemeinsam gesprochen haben(„gelitten unter Pontius Pilatus, gekreuzigt, gestorben und begraben, hinab gestiegen in das Reich des Todes...“). Oder an das Symbol der Christen, das Kreuz. Der Tod am Kreuz war zurzeit Jesu die schmachvollste und entwürdigende Tötungsart, die politischen Aufrührern und Sklaven vorbehalten blieb. Die Evangelien lesen sich wie Passionsgeschichten mit verlängerter Einleitung. Bei Mk. etwa wird schon am Anfang von Kapitel 3 von den Gegnern Jesu der Entschluss gefasst, ihn zu töten. Ja, die Passionsgeschichten bilden den Kern der Evangelien. So sehr sie teilweise auch voneinander abweichen mögen, so sind sie sich doch in der Passionsgeschichte nahe.

Andererseits erschwert persönliches, erlebtes oder wahrgenommenes Leiden vielen Menschen, zum Glauben zu finden, zum Glauben an Christus. Wie oft hört man Menschen sagen: Wenn es einen Gott gibt, wie kann er dann soviel Ungerechtigkeit zulassen? Wenn Gott allmächtig ist, wie kann er dann soviel Leiden dulden? Wolfgang Borchert fragt sehr direkt: „Wann, lieber Gott, warst du denn lieb?“ Er fragt dies vor dem Hintergrund seiner grausamen Kriegs Erfahrungen, einer gestohlenen Jugend. Ein Blick in die Tageszeitungen genügt um zu wissen, dass es auf der Welt nicht friedlich zugeht. Ein Blick in die Nachrichtensendungen im Fernsehen bringen uns Kriege und Naturkatastrophen mitsamt den Opfern ins Wohnzimmer. Wir wissen, dass es auf dieser Welt nicht gerecht zugeht

Die Frage ist nur, ob wir darüber Gott in Frage stellen müssen oder nicht eine bestimmte Sichtweise von Gott.

Die Kernfrage lautet, ob Gott ein Zauberer ist der all unsere Wünsche erfüllt oder ob er ein Gott ist, der uns angesichts des Leidens, der Not und der Ungerechtigkeit in der Welt einen Auftrag zukommen lässt. Muss Gott so sein wie wir meinen, dass er sein müsste. Ist seine Existenz abhängig von unseren Vorstellungen und Wünschen. Ist Gott im Leiden dieser Welt abwesend oder nicht doch anwesend, geradezu mit leidend, Anteil nehmend am Leid von uns Menschen. Steht das Leiden Jesu nicht auch und gerade dafür?

Ohne all diese aufgeworfenen Fragen beantworten zu können, lohnt es, so glaube ich, den Gedanken des Paulus zu folgen.

Paulus begreift sich als „Mitarbeiter Gottes“. D. h. er „wirkt mit“ seiner apostolischen Predigt mit am Offenbarungsgeschehen Gottes. Offenbarung verstanden als Selbstmitteilung Gottes. Wir hören Gottes Stimme durch die Stimme von Menschen. So wie die ganze Bibel Gotteswort im Menschenwort enthält. Gott wird uns vermittelt durch seinen Geist und durch Menschen, die „Mitarbeiter Gottes“ sind. Die apostolische Verkündigung stellt uns, liebe Gemeinde, vor die Entscheidung. Gefordert ist die echte Annahme Gottes mit Konsequenzen für die gesamte Lebensführung. Dabei geht es um wesentlich mehr, als die intellektuelle Anerkennung einer „Wahrheit“, die im Vagen und

Unverbindlichen bleibt und keine Konsequenzen für das konkrete Leben beinhaltet.

Wo dies geschieht, da ereignet sich Heil. „Siehe, jetzt ist die Zeit der Gnade, siehe, jetzt ist der Tag des Heils“(V. 2) Heil widerfährt uns, liebe Gemeinde, wenn wir Gottes Stimme hören. Heil widerfährt uns, wenn wir vernehmen, dass wir gemeint sind. Heil widerfährt uns, wenn uns Augen geöffnet werden für Gottes Wege, die in Jesus Christus direkt zu uns führen. Heil widerfährt uns, liebe Gemeinde, wenn wir Christus begegnen. Wir sind das Ziel göttlicher Offenbarung. Uns gilt seine Liebe. Gott wurde Mensch um uns Menschen nahe zu sein. Die Geschichte alten und neuen Testaments ist eine Geschichte des Werbens Gottes um uns Menschen- und es ist auch die Geschichte der Abkehr des Menschen von Gott.

Mit der „Zeit der Gnade“ ist ein eschatologisches Geschehen angebrochen, ein endzeitliches Geschehen. Jetzt ist Christus in der apostolischen Predigt gegenwärtig. Die Worte des Paulus sind Gottes und Christi eschatologische Worte. Die Endzeit hat bereits begonnen und das bedeutet auch, dass die Mächte des Todes keine letzte Macht mehr über uns haben. Es gibt sie fraglos noch, wer könnte das ernsthaft leugnen,- Gewalt, Hass, Krieg, Tötung Unschuldiger- aber sie sind durch die Auferweckung Christi von den Toten überwunden. Als Zeichen der Teilhabe am künftigen Reich Gottes steht die Gabe des Hl. Geistes, als ein ARRABON, ein Angeld, auf die künftige uneingeschränkte Herrschaft Gottes, in der wir nicht mehr Glaubende sondern Schauende sein werden.

Aber zurück zu Paulus. Es ist die Treue zu seinem Amt, die Treue gegenüber seinem Herrn, die ihn in Trübsal und Not führt. „In dem allen erweisen wir uns als Diener Gottes: in großer Geduld, in Trübsal und Nöten, in Ängsten, in Schlägen, in Gefängnissen, in Verfolgungen, in Mühen, im Wachen und Fasten.“ Die Nöte der Verfolgung stehen neben solchen, die sich unmittelbar aus seiner Arbeit ergeben - etwa das Wachen und Fasten. Paulus wird im seinem persönlichsten Brief, der der 2. Kor. nun einmal darstellt, nicht müde, die Fülle seiner Leiden zu schildern. So etwa in Kapitel 11 und 12. Er beabsichtigt damit keineswegs sich zu rühmen, mehr sein zu wollen als andere Apostel. Vielmehr geht es ihm darum, seinen Apostolat zu begründen, der von seinen Widersachern in Abrede gestellt wird. An anderer Stelle kann er schreiben: „Durch Gottes Gnade bin ich was ich bin“ (1. Kor. 15,10a); oder, als ein Wort Jesu: Lass dir an meiner Gnade genügen. Paulus sieht sich als würdigen Apostel, dessen Amt Geschenk ist und nie etwas anderes als Geschenk sein kann. Apostel, Bote, wird man nicht von sich aus. Vielmehr steht man im Dienste eines anderen, nämlich von Gott. Die Fülle der Leiden steht für sein Engagement. Und Paulus weiß sich in seiner Arbeit von Gott getragen und geführt, trotz aller Leiden, die er auf sich genommen hat- und die er erduldet. Er spricht vom heiligen Geist, dem göttlichen Pneuma und der Liebe sowie dem Wort der Wahrheit, dem Evangelium als(übernatürliche) Kräfte, die ihn aufrichten, bewegen und trösten; und die hervorzubringen wir nicht in der Lage sind. Wir Menschen können vieles(Wunder der Computertechnik, technische Geräte derer wir uns bedienen, die wir aber nicht verstehen, Raumfahrttechnik). Aber Liebe, Gottes guten Geist und die frohe Botschaft von der bedingungslosen Annahme des Menschen durch Gott, eben das Evangelium, können wir nicht von uns aus hervorbringen oder machen. Wir können sie immer nur als Geschenke annehmen und empfangen. All das, was wirklich wichtig ist im Leben, können wir nicht aus eigenen Kräften hervorbringen sondern nur annehmen.

Der Apostel Paulus bringt uns die Gebrochenheit seines Lebens und Auftrags, die Zwiespältigkeit seiner Existenz, besonders mit dem Schluss-Vers des Predigttextes, sehr anschaulich nahe.

„Als die Traurigen, aber allezeit fröhlich; als die Armen, aber die doch viele reich machen; als die nichts haben, und doch alles haben.“ (2. Kor 6, 10)Traurigkeit und Fröhlichkeit, arm sein und viele reich machen. Nichts haben und doch zugleich alles haben. Das, liebe Gemeinde, charakterisiert das Leben des Paulus und vielleicht spiegelt es auch unser Leben wieder?

Wir sind traurig, Mal mehr Mal weniger. Wir sind vielleicht nicht wirklich arm, im materiellen Sinne, aber doch bedürftig, in vielerlei Hinsicht. „Die nichts haben“, meint so viel wie nichts wirklich besitzen, weil wir im Blick auf den Tod nichts wirklich mitnehmen können.

Doch Paulus weiß aus eigenem Erleben um „Kraftquellen“, er weiß darum, dass eines Menschen Leben niemals so trostlos aussehen kann, als das es nicht von Gott einem guten Ziel zugeführt werden könnte. Auch gegen den äußeren Anschein. Wer auf Gott vertraut, kann mit dieser Hoffnung leben. Gott ist die eine Kraftquelle (Liebe, Geist, Evangelium), die uns zu verwandeln vermag, ja die uns fähig macht, vieles zu ertragen. Die Fröhlichkeit steht neben „viele Reich zu machen“ und doch alles haben.

Manchmal scheint es, als seien die Zeiten ungleich in Bezug auf Gott. Es ist so, wie Luther zu unserem Text bemerkt hat: „Die Predigt des Evangeliums ist nicht eine ewige, währende, bleibende Lehre, sondern ein fahrender Platzregen, der dahinläuft. Was er trifft, das trifft er, was er fehlt, das fehlt er, er kommt aber nicht wieder, bleibt nicht stehen, sondern die Sonne und Hitze komme hernach und leckt ihn auf.“

Selbstverständlich ist es jedenfalls nicht, dass wir heute in einer Zeit des Heils und der Gnade stehen. Es kann sehr wohl sein, dass wir in einer jener anderen Zeiten stehen, dass wir nur warten können, dass wir von Gott nichts wissen können als das, dass er eine unendliche Geduld mit uns und der Welt hat. AMEN.

Gottesdienst am Sonntag, d. 18.03.2012 / 4. Sonntag der Passionszeit (Lätare)

Wochenspruch: „Wenn das Weizenkorn nicht in die Erde fällt und erstirbt, bleibt es allein; wenn es aber erstirbt, bringt es viel Frucht.“ (Joh. 12, 24)

Predigttext: Philipperbrief 1,15-21

Liebe Gemeinde,
in mitten der Passionszeit und völlig unerwartet, steht das Thema „Freude“ im Mittelpunkt des heutigen Sonntages. Lätare bedeutet ja so viel wie „Freude“ und wird hergeleitet von Jesaja 66, 10: „Freuet euch mit Jerusalem und seid fröhlich über die Stadt, alle, die ihr sie lieb habt! Freuet euch mit ihr, alle, die ihr über sie traurig gewesen seid.“

Trotz der Passion Jesu, trotz seines Leidens, das wir in diesen Wochen bedenken; trotz der Traurigkeit von der der Prophet Jesaja spricht, sollen und werden Leid und Trauer nicht das letzte Wort behalten. Jesaja schreibt in diesem Zusammenhang: „Gott spricht: Ich will euch trösten, wie einen seine Mutter tröstet.“ (Jes. 66, 13) Dieser Zuspruch, dieser Trost wird obsiegen gegen alles was uns bedrückt und belastet. Und dieser Trost, liebe Gemeinde, soll und kann in die Passionszeit hineinstrahlen; mehr noch, in unser Leben, wenn es vom Leiden gezeichnet und bedrängt wird.

Die Worte, liebe Gemeinde, mit denen wir eben gesungen haben, sind Programm für diesen Sonntag und sie drücken aus, was der Apostel Paulus mit den Worten des Philipperbriefes meint: „ In dir ist Freude in allem Leide, o du süßer Jesu Christ! Durch dich wir haben himmlische Gaben, du der wahre Heiland bist; hilfest von Schanden rettest von Banden. Wer dir vertrauet, hat wohl gebauet, wird ewig bleiben. Halleluja. Zu deiner Güte steht unser Gmüte, an dir wir kleben im Tod und Leben; nichts kann uns scheiden. Halleluja.“ (EG 398, 1)

Vertrauen zu Christus auch und besonders in bedrängenden und bedrückenden

Lebenssituationen; das Werben um einen wirklich tragfähigen Glauben angesichts scheinbarer Gottferne oder Gottverlassenheit ist das, worum Paulus wirbt - auch bei uns. Der Apostel schreibt aus dem Gefängnis wahrscheinlich in Ephesus. Seine nähere Zukunft ist völlig ungewiss. In den antiken Gefängnissen herrschten Brutalität, Entbehrungen und Willkür. Das Rechtswesen dürfen wir nicht an heutigen rechtsstaatlichen Standards messen, wie sie etwa bei uns üblich sind. Zudem hatte Paulus in Ephesus - ohne es zu wollen - einen Aufruhr verursacht und sich viel Feindschaft zugezogen, indem er das gewinnträchtige Gewerbe der Goldschmiede in Frage stellte, die für die Göttin Diana Tempel verzierten und kunstvolle Gegenstände zu ihrer Verehrung herstellten. Paulus stellte all das in Frage. Selbst bei einem Freispruch, der höchst ungewiss war, drohte dem Apostel bei Freilassung „Lynchjustiz" durch eine aufgebrachte Meute, die um ihr Geschäft fürchtete.

Und doch, und doch, liebe Gemeinde, ist Paulus zuversichtlich. Nein, das ist zu wenig. Es geht ihm gut weil er sieht, dass die Sache des Evangeliums durch seine Gefangenschaft befördert wird. Es geht ihm trotz allem gut, weil Christus verkündigt wird. Dass er die Fesseln für Christus trägt erkennen alle, ob Gefangene oder Wärter. Wahrscheinlich kamen sie angesichts seiner Glaubenstreue ins Fragen und Nachdenken. Christus fing an andere Menschen zu beschäftigen. Vom Evangelium her kann er sagen, dass es ihm gut geht. Paulus ist geradezu dankbar für seine Gefangenschaft weil er daran die Möglichkeit erkennt, Zeugnis für Christus abzulegen. Und das noch in einem anderen Sinne. Seine Gefangenschaft macht anderen Brüdern Mut, das Wort Gottes ohne Scheu zu verkündigen. Das, liebe Gemeinde, sind starke und erstaunliche Worte angesichts einer ungewissen - wenn nicht gar verzweifelten - Situation, die mit dem Tode des Apostels enden kann.

Paulus muss sich in seiner Gefangenschaft mit einem weiteren bedrückenden Umstand auseinandersetzen, dem er jedoch auch Gutes abgewinnen kann. So gibt es in seinem Umfeld Christen, die aus guter Absicht predigen, aus Glauben und Liebe zum Evangelium. Aber, es gibt auch andere. Sie predigen Christus aus Neid und Streitsucht, aus Eigennutz, Eitelkeit und sind nicht wahrhaftig, „denn sie möchten mir Trübsal bereiten in meiner Gefangenschaft.“ Offensichtlich handelt es sich bei ihnen nicht um Irrlehrer, es stehen keine sachlichen Differenzen zwischen ihnen und Paulus im Raum, sondern vielmehr persönliche Abneigungen. Sie stehen in Konkurrenz zu Paulus, wobei der Neid die entscheidende Triebfeder für die Rivalität gewesen sein mag.

Doch Paulus ficht das alles nicht an. Er steht darüber und lässt sich von menschlichen Schwächen wie Konkurrenzdenken und Neid nicht aus der Fassung bringen. Der Apostel vermag von der eigenen Person abzusehen und gibt der Sache den Vorrang. Paulus denkt an Christus und an das Evangelium, das auch durch unwürdige, unehrliche und schlechte Boten und Prediger verkündigt wird. Darüber kann Paulus sich freuen. Ja, das ist seine Freude, dass die frohe und befreiende Botschaft von Jesus Christus weiter getragen wird.

Und schließlich, liebe Gemeinde, ist die Freude für Paulus so groß, dass sie durch nichts gemindert werden kann, was die Zukunft bringen mag. Er wird trotz aller Not mit Christus verbunden sein. Oder um es mit den Worten von Röm. 8,38f. zu sagen: „Ich bin gewiss, dass weder Tod noch Leben, weder Engel noch Mächte noch Gewalten, weder Gegenwärtiges noch Zukünftiges, weder Hohes noch Tiefes noch eine andere Kreatur uns scheiden kann von der Liebe Gottes, die in Christus Jesus ist, unserem Herrn.“ Das Heil das der Apostel erwartet, besteht nicht in der Befreiung aus dem Gefängnis oder in der Errettung aus äußerer Gefahr, sondern Paulus denkt an die ewige Errettung, an das ewige Heil. Wichtig ist nicht, was aus dem Apostel wird (Phil. 1,12.17), sondern wichtig ist allein der Triumph Jesu Christi in aller Öffentlichkeit.

So stellt sich für Paulus die Frage nach Leben und Tod. Sie ist für ihn ohne jede Bedeutung. Mit seinem leiblichen Leben gehört er noch der Erde an. In viel stärkerem Maße ist er Christus zugehörig, so dass sein Leben ein Leben in Christus ist. Wenn Leben, wahres Leben, Christusgemeinschaft bedeutet, dann ist Sterben es erst recht, weil durch den Tod alle Schranken beseitigt werden, die die Lebenden von Christus trennen. Paulus schreibt Röm. 14,8 f.: „Leben wir, so leben wir dem Herrn; sterben wir, so sterben wir dem Herrn. Darum: wir leben oder sterben, so sind wir des Herrn. Denn dazu ist Christus gestorben und wieder lebendig geworden, dass er über Tote und Lebende der Herr sei." Und weiter kann der Apostel schreiben Phil. 1,23: „Ich habe Lust, aus der Welt zu scheiden und bei Christus zu sein, was auch viel besser wäre; aber es ist nötiger; im Fleisch zu bleiben um euretwillen."

Soweit zur Gedankenführung des Paulus in unserem Predigttext für den heutigen Sonntag. Ich weiß nicht, liebe Gemeinde, wie es Ihnen mit den Gedanken des Paulus ergeht. Die hier gezeigte Glaubensstärke des Apostels kann schon sehr einschüchtern. Daneben erscheint man, ich kann das jedenfalls von mir behaupten, doch recht kleingläubig. Sein Glaube an Christus verhilft ihm dazu „über den Dingen zu stehen". D.h. über den Strapazen und Ungewissheiten der Haft, über dem Konkurrenzgehabe und der Häme seiner Widersacher die seine Abwesenheit nutzen, um sich wichtig und Paulus schlecht zu machen sowie schließlich über der Angst vor dem Tode. Paulus bleibt und steht fest und unangefochten im Glauben aber auch in seinem Auftrag, Christus zu verkündigen, ohne Zweifel und mit viel Freude: „Freuet euch in dem Herrn allewege, und abermals sage ich: Freuet euch!" (Phil. 4,4)

Was aber, liebe Gemeinde, fangen wir mit diesem Text an? Glaube und Freude lassen sich ja bekanntlich nicht machen oder verordnen. Sollte Paulus für uns ein Vorbild sein? Ist seine Lebenswirklichkeit auf die Unsere übertragbar?

Ich glaube, liebe Gemeinde, dass wir alle für unser Leben Glaubenszeugen benötigen, die mit Wort und Tat für Orientierung, Inhalte und Verlässlichkeit stehen. Menschen, Männer und Frauen, die sich nicht haben überwinden lassen von Gefangenschaft, Feindseligkeit und Tod, die sich vielmehr treu blieben, weil sie sich geborgen wussten im Glauben an Christus und für die die Freude ihren Platz auch in dunklen Zeiten hatte. Ich denke neben Paulus, der wahrscheinlich in Rom zum Tode verurteilt wurde, an Dietrich Bonhoeffer, Paul Schneider u. a. Beide wurden von den Nazis ermordet und von beiden sind Dokumente überliefert, die bis kurz vor ihrer Tötung reichten. Von Dietrich Bonhoeffer ist aus der Haft der berühmte und zu Herzen gehende Text überliefert: „Von guten Mächten wunderbar geborgen, erwarten wir getrost, was kommen mag. Gott ist bei uns am Abend und am Morgen und ganz gewiss an jedem neuen Tag. Noch will das alte unsere Herzen quälen, noch drückt uns böser Tage schwere Last. Lass warm und hell die Kerzen heute flammen, die du in unsere Dunkelheit gebracht, führ, wenn es sein kann, wieder uns zusammen. Wir wissen es, dein Licht scheint in der Nacht." (EG 65, 725) Geborgenheit, Trost, Licht und Wärme, Nähe und die bleibende Anwesenheit Gottes trotz aller Dunkelheit und aller schweren Last, das sind die Empfindungen Dietrich Bonhoeffers angesichts der Erwartung seiner Hinrichtung. Paul Schneider, der Prediger von Buchenwald, schrieb aus dem Gefängnis an den damaligen Präses der rheinischen Kirche, Paul Humburg, in dem er von seiner Haft und Ausweisung berichtet: „Gott ließ es also nicht zu, dass ich die ganze Zeit über ohne Bibel blieb. So hat sie mich denn getröstet und gestärkt. Die Haft ist mir zu einer geistlichen Rüstzeit geworden, für die ich Gott sehr dankbar bin und die ich nicht missen möchte." Ich weiß nicht, liebe Gemeinde, wie es Ihnen mit diesen Worten geht, aber ein wenig schlucken und aufmerken muss man schon, angesichts dieses Gottvertrauens ob von Dietrich Bonhoeffer oder von Paul Schneider, die ansonsten sehr unterschiedliche Männer waren; hier das intellektuelle „Schwergewicht", der große Theologe, dort der einfache Landpfarrer. Ihre Glaubensstärke, ihr Vertrauen zu Christus rühren auch heute noch an und können uns Mut machen. Ihre Glaubenszeugnisse sind auch nach Jahrzehnten bewegend, ihre Leben faszinieren und machen den christlichen Glauben glaubwürdig; denn sie weisen über sich hinaus auf Gott und das Zeugnis seines Sohnes. Vor allem können sie uns durch ihr Vorbild im Glauben stärken und zur Freude verhelfen angesichts aller Dunkelheit und Traurigkeit, sowie scheinbarer Ausweglosigkeit die auch uns gelegentlich nicht fremd ist. AMEN.

Gottesdienst am 08.04.2012 / Ostersonntag

Wochenspruch: „Christus spricht: Ich war tot, und siehe, ich bin lebendig von Ewigkeit zu Ewigkeit und habe die Schlüssel des Todes und der Hölle.“ (Offb. 1, 18)

Predigttext: 1. Samuel 2,1-2.6-8a

Liebe Gemeinde.
am heutigen Sonntag feiern wir Ostern. Die lange Passionszeit in der wir des Leidens Christi gedacht haben, liegt hinter uns. Allgemein hin wird Ostern als das wichtigste und bedeutendste aller christlichen Feste betrachtet. Und das wohl auch zu recht. Der Grund dafür ist einfach. Christen gibt es, seit dem es Menschen gibt, die an die Auferweckung Christi von den Toten glauben. Ja, der christliche Glaube, liebe Gemeinde, ist zuallererst Glaube an Christus den Auferweckten. Christlicher Glaube ist in seinem Kern „Osterglaube“ Wir glauben nicht in erster Linie an einen Wundermann und guten Prediger, der vor zweitausend Jahren ungerechtfertigter Weise grausam getötet wurde und für uns so etwas wie ein Vorbild sein kann; sondern wir glauben an Christus, der den Tod besiegt hat; über den nicht Menschen das letzte Wort gesprochen haben, sondern Gott. Ostern bedeutet den Sieg des Lebens über den Tod; den Triumph der Liebe Gottes über den Hass und die erschreckende Gewalt zu der Menschen fähig sind; Christus und das, was er den Menschen zu sagen hatte, was er in Person gelebt hat, obsiegt über seine Peiniger.
Wenn Prediger und Gemeinde an dieser Stelle in ein direktes Gespräch eintreten könnten, so würde gewiss die Frage kommen, aber kann man das überhaupt beweisen? Christus, schön und gut, aber muss das mit der Auferweckung wirklich sein? Genügt uns nicht Christus mit seinen Worten und Taten, mit seiner Art zu leben sowie den Gleichnissen und der Art und Weise, wie er das „Reich Gottes“ zu

den Menschen gebracht hat?

Um es gleich klar zu sagen, liebe Gemeinde, die Auferweckung Jesu von den Toten lässt sich nicht beweisen. Zugleich ist sie unverzichtbar für jede Art des Glaubens, die für sich in Anspruch nimmt, christlich zu sein. Wäre die Auferweckung Christ beweisbar, würde sie nicht infrage gestellt werden - und immer mehr Menschen zweifeln sie an. Doch es gibt so etwas wie Indizien. Aus einer mutlosen, traurigen und wenig glaubensfesten Karfreitagsgemeinde, die flüchtete und Christus verleugnete, wurde eine bekennende Ostergemeinde, die mutig Christus bezeugte, und das gegen massive Widerstände und Verfolgungen. Aus den Brüdern Jesu und seiner Mutter Maria, die an seiner Sendung zweifelten und ihn sogar für verrückt hielten, wurden nach Ostern wichtige, tragende Glieder der christlichen Gemeinde. Und aus Paulus schließlich, einem fanatischen Christenverfolger, wurde durch eine Erscheinung des Auferstandenen der eifrigste und wirkungsmächtigste Apostel des Urchristentums. Gewiss, das sind keine Beweise, liebe Gemeinde, aber doch Hinweise darauf, dass nicht die urchristliche Gemeinde sich selbst geschaffen hat, sondern durch den Auferstandenen berufen wurde. Er hat die Tränen abgewischt, vergeben, Angst genommen und Mut gemacht, ihnen neue Wege gewiesen.

Wir haben nur Kenntnisse von Christus, weil es Menschen gab, weil es Christen gab, die Erinnerungen an den Christus bewahrt haben. Wäre er bei den Toten geblieben, hätten Römer, Sadduzäer und auch die Straße über ihn triumphiert; hätte sich niemand der Mühe unterzogen, Erinnerungen an Christus zu bewahren. Er wäre nichts weiter gewesen als ein verkrachter Wanderprediger, wie es sie damals zuhauf gab, eine gescheiterte Existenz mehr. Erinnerungen an Christus wurden bewahrt, weil Menschen an seine Auferweckung geglaubt haben, weil sie diese z. T. unmittelbar erlebt haben. Was die 27. Schriften des NT s im Innersten zusammenhält ist nicht mehr und nicht weniger als der Glaube an die Auferweckung Christi. Und schließlich, liebe Gemeinde, die ersten Christen waren keine Historiker, die wertneutral Informationen über den Christus zusammengetragen haben um ihn „objektiv“ zu beschreiben. Vielmehr handelte es sich bei ihnen um Menschen, die Christus verkündigt haben und Glauben wecken wollten. Beweggrund ihres Handelns war der Glaube an den Auferstandenen, der anwesend ist und alle Mächte in Grenzen (politische, militärische und wirtschaftliche) verweist und wiederkehren wird. Er ist der Herr der Geschichte und der Zeiten. Das Neue Testament und die ganze Bibel sind parteiisch, sie stehen auf der Seite Gottes und seines Sohnes; ja, sie stehen auf Seiten der Menschen. Denn Gott steht auf unserer Seite! Er steht auf der Seite des Lebens!

Für den heutigen Ostersonntag, liebe Gemeinde, ist uns ein Text aufgetragen, der auf dem ersten Blick weit entfernt ist von der Gedanken- und Glaubenswelt des Neuen Testaments. Wir gehen zurück in die Zeit, bevor der König David lebte. Er der Inbegriff des Messias, des gesalbten Gottes, begann seine Regentschaft um 1000 v. Chr. Geburt. Was wir gehört haben, liebe Gemeinde, ist ein Ausschnitt des Gebetes oder Lobgesanges der Hanna. Sie war mit Elkana verheiratet. Ihre Ehe sollte zunächst kinderlos bleiben. Sehr zum Leidwesen Hannas. Ihr Weinen und ihre tiefe Traurigkeit werden eindringlich geschildert. Pennina, die Zweitfrau Elkanas, demütigte sie ob ihrer Kinderlosigkeit: „Und ihre Widersacherin kränkte und reizte sie sehr, weil der Herr ihren Leib verschlossen harre.“(1. Sam 1,6) Kinderlosigkeit, ja Unfruchtbarkeit, galten seinerzeit als so etwas wie eine Schande oder Strafe Gottes. Das ist ein Motiv, das uns in der Bibel häufiger begegnet.

Denken sie nur an Sarah, die Frau Abrahams die hoch betagt den Isaak zur Welt bringt oder auch Elisabeth, die Frau des Zacharias, die Mutter Johannes des Täufers. Viele weitere Beispiele ließen sich anführen. Nach biblischer Sicht stehen die Geburten als Ausdruck des Segens Gottes. Sie stehen selbstredend für Leben und Freude sowie für Zukunft. Abraham und Zacharias wurden von Gott Zukunft verheißen, Zukunft durch Nachfahren; obwohl ihrem Alter nach keine Hoffnung mehr sein konnte. Mit Elkana und Hanna verhält es sich nicht anders. Wenn Gott ihnen einen Sohn schenkt, dann soll er Gott gehören. Unter Leid und Tränen legt Hanna ein Gelübde ab: „... wirst du deiner Magd einen Sinn geben, so will ich ihn dem Herrn gegen sein Leben lang, und es soll keine Schermesser auf sein Haupt kommen." (1. Sam. 1, 11). Schließlich bringt Hanna einen Sohn zur Welt, Samuel heißt das Kind. Er war der letzte Richter über Israel - von einem kurzen Intermezzo seiner Söhne in diesem Amt einmal abgesehen - und sollte die beiden ersten Könige Israels, Saul und David, salben.

Unser Predigttext, liebe Gemeinde, ist Ausdruck der überschwänglichen Freude und Dankbarkeit Hannas gegenüber ihrem Gott: „ Es ist niemand heilig wie der Herr; außer dir ist keiner,...denn der Herr ist ein Gott. Der Herr tötet und macht lebendig, er führt hinab zu den Toten und wieder herauf. Der Herr macht arm und macht reich; er erniedrigt und erhöht. Er hebt die Dürftigen aus dem Staub und erhöht den Armen aus der Asche. Denn der Welt Grundfesten sind des Herrn, und er hat die Erde darauf gesetzt." (2. Samuel i. A.)

Das sind in der Tat starke Worte, die Hanna hier findet und es sind Worte, 1000 Jahre vor der Geburt Jesu gesungen, die in das Neue Testament passen würden.

Der Herr ist Gott. In seiner Heiligkeit ist niemand so einzigartig wie er. Er ist Herr über Leben und Tod. Er vermag lebendig zu machen und Tote aus dem Tode herauszuführen. Nur er ist in der Lage, die Verhältnisse in der Welt umzukehren und er und sonst niemand setzt die Grundfesten in dieser Welt, denn er ist der Schöpfer.

Das Alte Testament enthält viele Aussagen die bezeugen, dass bei Gott nichts unmöglich ist und dass auch wir in seinen segnenden und behütenden Händen geborgen sind. In Psalm 139 heißt es: „ Ich sitze oder stehe auf, so weißt du es; du verstehst meine Gedanken von ferne. Ich gehe oder liege, so bist du um mich und siehst alle meine Wege. Von allen Seiten umgibst du mich und hältst deine Hand über mir. Diese Erkenntnis ist mir zu wunderbar und zu hoch, ich kann sie nicht begreifen. Führe ich gen Himmel, so bist du da; bettete ich mich bei den Toten, siehe, so bist du auch da. Nähme ich Flügel der Morgenröte und bliebe am äußersten Meer, so würde auch dort deine Hand mich führen und deine Rechte mich halten." (Ps. 139, i. A.)

Hannas Lobgesang und die Worte von Ps. 139 klingen wie eine Entfaltung des

Auferstehungsglaubens. Sie bringen eigenes, persönliches Erleben zum Ausdruck und werben um Glauben an ihren Gott, der auch unser Gott ist. Sie argumentieren nicht für etwas, sondern teilen sehr persönlich mit, warum Gott für sie wichtig ist. Denn wer Gott vertraut und sich ihm zugehörig weiß, der hat festen Grund unter den Füssen; weiß sich verstanden und angenommen und schließlich, ist geborgen in Gott, im Leben, im Sterben und im Tode. Oder um es mit den Worten des Paulus zu sagen: „Ich bin gewiss, dass weder Tod noch Leben, weder Engel noch Mächte noch Gewalten, weder Gegenwärtiges noch Zukünftiges, weder hohes noch Tiefes noch eine andere Kreatur uns scheiden kann von der Liebe Gottes, die in Christus Jesus ist, unserm Herrn." (Röm. 8, 38.39)

Nach christlichem Verständnis ist er der Herr, nicht irgendein Herr neben anderen, sondern absolut: der Herr. Und zwar der Herr über alle Mächte, die es gibt: politische, wirtschaftliche, gesellschaftliche, wissenschaftliche und militärische. Sie alle, liebe Gemeinde, sind gekommen und gegangen. Auch die Großmächte, ob Ägypter und Hethiter, ob Griechen oder Römer oder etwa die mächtigen Kolonialreiche hatten ihre Zeit, sind hervorgekommen und wieder abgetreten. Christus ist geblieben! Er ist zugleich der Herr über Mächte, durch die sich Menschen wie wir bedrängt und bedroht fühlen, wir alle kennen sie: Angst und Sorge, Krankheit und Depression, Leid und Trauer, Sterben und diese Welt verlassen. Unser Leben liegt in der Hand Christ, des Auferstandenen und Lebenden, der auch heute mit seinem Wort und Geist mitten unter uns ist. Er vermag uns zu halten, auch wenn kein Mensch uns mehr erreichen kann.

Diese Gewissheit, liebe Gemeinde, ist das Herzstück des Glaubens, den wir nicht machen oder aus eigenen Kräften hervorbringen können. Wir gehören zu Christus! Glaube ist ein Geschenk, eine Gabe Gottes, die jedoch nicht vom Himmel fällt. Der Glaube, der immer auch Osterglaube ist, entzündet sich am Wort Gottes. Paulus schreibt im Brief an die Gemeinde in Rom: „So kommt der Glaube aus der Predigt, das Predigen aber durch das Wort Christi." (Röm. 10, 17) Er sucht uns mit seinen Worten, die uns Trost, Halt und Orientierung geben wollen, die uns tragen und stärken. Glaube, liebe Gemeinde, ist immer Glaube an

Christus und ist durch nichts und niemanden zu ersetzen. Lassen sie uns, liebe Gemeinde, Menschen sein, die das immer wieder ernst nehmen und beherzigen, heute an Ostern und alle Tage; nicht als harte Pflicht sondern als großes und befreiendes Geschenk. AMEN.

Ostergottesdienst am So., d. 31.03.2013 / Ostersonntag

Wochenspruch: „Christus spricht: Ich war tot, und siehe, ich bin lebendig von Ewigkeit zu Ewigkeit und habe die Schlüssel des Todes und der Hölle.“ (Offb. 1,18)

Predigttext: Johannesevangelium 20,11-18

Liebe Gemeinde,

Ostern ist ohne Zweifel das wichtigste Fest der Christenheit. Das Ereignis der Auferweckung Christ von den Toten steht am Anfang des Glaubens; ja, christlichen Glauben gibt es erst, seit es den Glauben an die Auferweckung Christi von den Toten gibt. Der christliche Glaube steht für die feste Annahme und die unmissverständliche Aussage, dass Christus den Tod besiegt hat. Leid, Schmerz und Tod haben keine letzte Macht mehr über uns. Wir gehören zu Christus, der das Leben ist.

Am Kreuz hinterließ Christus eine trauernde Anhängerschar. Der Karfreitag steht für Jesu qualvollen Tod sowie für Verleugnung und Verrat Christi durch seine Wegbegleiter. Lediglich einige Frauen hielten ihm bis zum Schluss die Treue. Sein Tod trieb seine Jünger und Anhänger zurück in ihre Heimatorte, in ihren Alltag, in tiefe Trauer und Verlassenheit. Von dieser Trauer haben wir am Beispiel von Maria Magdalena auch in unserem Predigttext gehört. Mit der Auferweckung Christi von den Toten sollte sich das ändern. Ohne das Osterereignis hätte es keinen Neuanfang für seine Anhängerinnen und Anhänger gegeben. Das Ostergeschehen hat alles verändert, besonders die Menschen, denen Jesus auf seinem Weg von Galiläa nach Jerusalem nahe war.

Der Apostel Paulus schreibt: „Ist aber Christus nicht auferstanden, so ist unsere Predigt vergeblich, so ist auch euer Glaube vergeblich… Nun aber ist Christus auferstanden von den Toten als Erstling unter denen, die entschlafen sind.“ (1.

Kor. 15,14.20) Die Bedeutung des Ostergeschehens ist unüberhörbar und durchzieht das ganze Neue Testament. Mehr noch, ohne den Osterglauben gäbe es das Neue Testament nicht. Die Evangelisten und all die anderen Autoren neutestamentlicher Schriften verstanden sich nicht als Historiker, als neutrale Geschichtsschreiber die sich objektiv distanziert und möglichst neutral dem Leben und Geschick Christi nähern wollten um davon zu berichten. Vielmehr handelt es sich bei ihnen um parteiische Glaubenszeugen, die von Ostern her denken und schreiben und vor allem Glauben wecken wollen. Auch in uns! Wir hören heute die Stimme Christi nicht anders als durch die Worte der frühen Glaubenszeugen. Die Wahrheit Christ trifft uns nicht anders als durch ihren Glauben. Sie sagen uns, wer Christus auch für sie ist.

Aber, liebe Gemeinde, so wichtig und einschneidend das Ereignis der Auferweckung Christ von den Toten auch war und ist, so weckt es doch auch unsere Skepsis. Nirgendwo wird dieser Vorgang beschrieben. Uns bleibt verborgen, wie der auferstandene Christus ausgesehen hat. Wir erfahren lediglich etwas über die Folgen der Begegnungen mit ihm. Uns wird berichtet, was die Erscheinungen des lebendigen Christus in Menschen ausgelöst hat. Darum geht es auch in unserem Predigttext.

Und schließlich: Dadurch, dass ein Vorgang nach Meinung anderer Menschen wichtig sein soll, ist für uns ja noch nichts entschieden. Was für uns wichtig und von Bedeutung ist, dass müssen wir selbst bestimmen und entscheiden. Wir müssen es persönlich annehmen können, damit es für uns wahr wird und Gültigkeit besitzt. Im Blick auf den Glauben, können wir nicht andere Menschen für uns glauben lassen, dazu ist der Glaube denn doch etwas zu Persönliches und Eigenes.

Die Bedeutung des Osterereignisses erschließt sich für uns wohl am ehesten, wenn wir uns in persönliche Begegnungen hinein nehmen lassen. Die Ostergeschichten berichten von solchen Begegnungen, etwa der Maria von Magdala. Die Trauer über den Tod Jesu lastet schwer auf ihr. Sie sucht den Ort auf, wo er bestattet wurde, das Grab, das Josef von Arimathia gehörte. Weinend

und voller Trauer steht sie vor dem Ort, in den der tote Jesus gelegt worden war. Mit dem Hinweis auf das Grab wird betont, dass er nicht mehr unter den Lebenden gesucht, vermutet und gefunden werden kann. Der Weg Jesu und auch der Weg der Maria von Magdala haben einen toten Punkt erreicht. Die Beziehung und Gemeinschaft die sie miteinander verband ist offenkundig beendet und zerstört.
Im Grab sieht sie zwei Engel in weißen Gewändern sitzen. Jesus ist fort. Sie richten an Maria die Frage, warum sie weint. Wer so fragt, weiß nicht um die Trauer anderer; er weiß entweder gar nichts, oder er weiß viel mehr. Letzteres scheint bei den Engeln der Fall zu sein. Offenbar wissen sie um die Auferweckung Christ, um den lebendigen Gottessohn. Maria erklärt den Grund für ihre Trauer, sie erklärt ihre Tränen und den Besuch am Grab. Während sie das sagt, gefangen in ihrer Trauer, „wandte sie sich um und sieht Jesus stehen und weiß nicht, dass es Jesus ist." (Joh.20,14) Traurigkeit verändert die Wahrnehmung, sie kann zu einem richtigen „Tunnelblick" führen, der nichts als Dunkelheit und Schmerz empfindet und in sich verkapselt bleibt. Ähnlich wie in der Geschichte von den „Emmaus-Jüngern" wurden die Augen von Maria von Magdala „gehalten, so dass sie Christus - wie diese - nicht erkannte." Zugleich legt unser Text aber auch die Vermutung nahe, dass der Auferstandene einen neuen Leib besitzt. Sie hielt ihn für den Gärtner. Er richtet dieselbe Frage an Maria, wie vor ihm die Engel: „Frau, was weinst du? Wen suchst du?" (Joh. 20,15) Maria erwidert mit der Frage nach dem Verbleib des Gekreuzigten, um ihn zu holen.

Daraufhin erfolgt die Schlüsselszene der gesamten Geschichte. Jesus gibt sich ihr zu erkennen. Dies geschieht nicht optisch, etwa indem sie ihn aufgrund von Äußerlichkeiten wieder erkennt, sondern indem er sie bei ihrem Namen ruft: „Spricht Jesus zu ihr: Maria! Da wandte sie sich um und spricht zu ihm auf Hebräisch: Rabbuni? das heißt: Mein Meister!" (Joh. 20,16). Wir erinnern uns. In der Emmaus Geschichte werden den Jüngern „die Augen geöffnet", als Jesus das Brot brach und es ihnen gab. Der auferstandene Christus stellt mit dem Mahl die Gemeinschaft mit seinen Jüngern wieder her.

In unserer Geschichte verhält es sich ähnlich. Jesus spricht Maria ganz persönlich an. Er ruft sie bei ihrem Namen. Sie ist gemeint. Ihr gilt seine Anrede. Der Auferstandene Christus eröffnet die Begegnung mit Maria. Man fühlt sich erinnert an ein Wort aus Jes. 43, 1 „Fürchte dich nicht, denn ich habe dich erlöst; ich habe dich bei deinem Namen gerufen, du bist mein." Mit der Anrede stellt Jesus die Gemeinschaft mit Maria wieder her. „Sie wandte sich um", sie geriet durch diese Anrede in Bewegung, und zwar aus ihrer Trauer heraus und in ein neues Leben hinein. Ihre Antwort fällt denkbar knapp aus. Sie spricht ein einziges Wort: Rabbuni, mein Meister. Das klingt weniger wie eine erstaunte Feststellung, sondern wie ein persönliches Bekenntnis. Maria sagt deutlich aus, wer Christus für sie ist, nämlich die für sie maßgebliche Person, die ihrem Leben Orientierung, Halt, Hoffnung und Sinn gibt. Auch der Fortgang der Geschichte erstaunt. Der auferstandene Christus wehrt sich dagegen, von ihr berührt zu werden. „Rühre mich nicht an!" (Joh. 20,17). Die Auffahrt zum Vater, wir können auch sagen, „die Himmelfahrt", steht noch bevor. Christus, das kündigt er hier an, wird die Grenzen und Möglichkeiten dieser Welt verlassen und in die Herrlichkeit Gottes eingehen. Die Zeit, in der er sichtbare Gemeinschaft mit seinen Jüngerinnen und Jüngern unter den Bedingungen des uns vertrauten menschlichen Lebens hielt, ist vorbei. Er wehrt sich dagegen, von Maria festgehalten, ja vereinnahmt zu werden. Aber, eine „neue Gemeinschaft" zwischen ihm und seinen Jüngerinnen und Jüngern wird es geben. Aus diesem Grunde sendet er sie zu den „Brüdern" um ihnen mitteilen zu lassen, was er gesagt hat.

Maria Magdalena folgt dem Auftrag Christ und bezeugt als erste die Auferweckung Christi von den Toten. Eine oft verschwiegene Tatsache. Erscheinen doch stets Männer, und nur Männer, als erste Zeugen der Auferweckung Christi von den Toten, allen voran Petrus; so etwa im 1. Kor. 15 in der langen Liste der ersten Auferstehungszeugen.

Erinnern wir uns. Maria kam voller Trauer zum Grab, mit Tränen in den Augen, die ihr den Blick entstellten. Der Weg zum Grab erschien wie eine Sackgasse. Die kurze Begegnung mit dem Auferweckten hat sie verwandelt. Ihr Blick geht wieder nach vorne. Hoffnung und Zukunft hat sie dadurch wieder gewonnen, weil

Christus sie „sendet“ um den „Brüdern“ mitzuteilen, was ihr widerfahren ist.
Der Schriftsteller Patrick Roth bezeichnet in einer Novelle die beschriebene Begegnung als „Magdalenensekunde“. Christus begegnet der Maria für einen kurzen Augenblick, den festzuhalten ihr nicht möglich ist, und führt sie aus ihrer Trauer zurück in das Leben. Wir könnten auch sagen, in ein „neues Leben“. Mit diesem kurzen Moment ist für sie auf einmal alles anders. Die Dunkelheit weicht dem Licht, der Tod dem Leben, die Tränen der Freude. Tränen werden abgewischt und ein klarer Blick richtet sich wieder hoffnungsvoll nach vorne.
Ostern, liebe Gemeinde, steht für die Auferweckung Christi von den Toten. Für seine Verwandlung vom Tod in das Leben. Das ist eine Glaubensaussage, der wir alle wahrscheinlich zustimmen können. Sie wird aber erst dann vollständig und für uns gültig, wenn wir sie in unser Leben und in unsere Erfahrungen integrieren können. Denn Ostern will nicht nur bekannt sondern auch erlebt werden.
Anders ausgedrückt: Haben wir so etwas wie eine „Magdalenensekunde“ schon einmal gespürt. Einen Moment der Gottesgewissheit, der Nähe des lebendigen Christus, die uns angerührt und bewegt hat? Christus vermag an uns durch sein Wort, durch seinen Geist und durch Menschen zu wirken. Haben wir solche Erfahrungen in unserem Leben gemacht in denen wir gespürt haben, dass wir gemeint sind. Gab es auf unserem Weg das Erlebnis der „Verwandlung“? Momente und Begegnungen die uns berührt und bewegt und auch verändert haben? In denen Schweres von uns abgefallen ist? In denen wir Neuanfang und Hoffnung gespürt haben? Momente und Begegnungen die wir nicht haben festhalten können, aber die im Rückblick von großer Bedeutung für uns gewesen sind? Auf diese Fragen und Anregungen können letztlich nur Sie, liebe Gemeinde, persönliche Antworten geben. Aber versuchen Sie das einmal. Ich glaube das Nachsinnen über diese Fragen führt uns in die Dankbarkeit. Die Botschaft von der Auferweckung Christ von den Toten will uns eine Hoffnung schenken, die über die vorläufigen und mitunter engen Grenzen und Begrenzungen unseres jetzigen Lebens und Alltages hinausführt. So bedeutet Ostern nicht mehr und nicht weniger als die Teilhabe am Weg Christi, Gemeinschaft mit ihm und Leben unter

seinem Zuspruch. Heute und in Ewigkeit. Denn nichts kann uns scheiden von der Liebe Christi. AMEN.

Gottesdienst am 21.04.2014 / Ostermontag

Wochenspruch: „Christus spricht: Ich war tot, und siehe, ich bin lebendig von Ewigkeit zu Ewigkeit und habe die Schlüssel des Todes und der Hölle.“ (Offb. 1,18)

Predigttext: 1. Korintherbrief 15, 12-20

Liebe Gemeinde,
wir feiern Ostern, das Fest der Auferweckung Christi von den Toten. Ostern ist das älteste Fest der Christenheit. Mit dem Glauben an die Auferweckung Christi nahm der christliche Glaube seinen Anfang. Christen gibt es, seitdem es Menschen gibt, die an den lebendigen Christus glauben. Ohne den Inhalt des Osterglaubens gibt es keinen christlichen Glauben; denn Ostern bedeutet den Sieg Christi über alle zerstörerischen Kräfte und Mächte, über das Leid, den Schmerz, über Angst und selbst und vor allem die Macht des Todes. Ohne die Auferweckung Christi gäbe es keine Kirche. Als Kirche sind wir die „Gemeinschaft der Gläubigen“, sind wir der „Leib Christ“, also jene Gestalt, durch die Christus in dieser Welt wirken möchte und wirkt - bis auf den heutigen Tag.

Das Osterfest will uns bewusst machen, dass wir nicht Erinnerungspflege an einen Toten betreiben sondern uns vergewissern, dass er von den Toten zu neuem Leben auferweckt wurde; des Weiteren, was Auferweckung für uns bedeutet. Ohne den Osterglauben hätte sich niemand der Mühe unterzogen, Gedanken und Erinnerungen an Jesus Christus festzuhalten. Er wäre dann nichts weiter als einer von zahlreichen Wanderpredigern, die es zu seiner Zeit gab und die wie er den Anbruch einer neuen Zeit ankündigten. Zugleich sind alle Texte des Neuen Testaments Zeugnisse des Glaubens, keine sachlich und historisch orientierten neutralen Geschichtswerke. Vielmehr wollen sie Bekenntnis für den auferweckten

Christus ablegen und Glauben sowie Bekenntnis in uns hervorrufen. Alle Autoren des NT verbindet der Osterglaube, d. h. der Glauben an den auferweckten Christus, den Lebenden, der auch mitten unter uns wirksam.

Der Predigttext entstammt dem vorletzten Kapitel des 1. Briefes an die Gemeinde zu Korinth. Der Apostel Paulus nimmt in 16 Kapiteln Bezug auf aktuelle Probleme und Streitfragen innerhalb der Gemeinde. Er gewährt uns einen Einblick in das Leben der jungen Kirche um das Jahr 52 n. Chr., wenige Monate, nachdem er die Gemeinde dort gegründet hatte. Dort gibt es Spaltungen in unterschiedliche Glaubensrichtungen, die einen berufen sich auf Petrus, andere auf Apollos, wieder andere auf Paulus, eine andere Gruppe schließlich auf Christus. Das Wort vom Kreuz Christi empfinden einige als Zumutung, sie hängen offenbar großen philosophischen Gedanken nach und höherer Erkenntnis. Sie rühmen sich ihrer Weisheit und ihres Geistes. Es gibt Unzucht in der Gemeinde. Ein Gemeindeglied hat geschlechtlichen Umgang mit seiner Stiefmutter. Reiche Gemeindeglieder schlagen sich vor der Abendmahlsfeier den Bauch voll und nehmen keine Rücksicht auf die Armen und die Sklaven, die zum Zuschauen verurteilt sind. Paulus geht ein auf so wichtige Fragen wie der Stellung der Frau innerhalb der Gemeinde und die Themen Apostolat und Freiheit. Christen streiten vor heidnischen Gerichten gegeneinander. Manche Gemeindeglieder rühmen sich ihrer Fähigkeit zur Zungenrede, d. h. zu einem „ekstatischen Lallen“, das nur Eingeweihten verständlich ist und als besondere Gabe gilt, mit der man sich von dem gewöhnlichen Kirchenvolk absetzt. Paulus setzt dem das Hohelied der Liebe entgegen. Er schreibt: „Nun aber bleiben Glaube, Hoffnung, Liebe, diese drei, aber die Liebe ist die Größte unter ihnen.“ (1. Kor. 13,13) Wichtig ist nicht die Selbstdarstellung des Einzelnen, sondern das, was der Gemeinde dient, was sie aufbaut.

Und schließlich, liebe Gemeinde, am Ende seines langen Briefes, bevor er auf die Kollekte für die Gemeinde in Jerusalem eingeht, seine weiteren Reisepläne darlegt und die Gemeinde grüßt, geht er auf die Bedeutung des Glaubens an die Auferweckung Christi von den Toten ein. Und dabei geht es letztlich um alles oder nichts. Es ist die Frage mit der der christliche Glaube und die ganze Kirche steht und fällt. Im Grunde genommen gehört dieses Thema ob seiner überragenden Bedeutung an den Anfang des Briefes; und er findet drastische Worte angesichts der Tatsache, dass einige Gemeindeglieder behaupten, Zitat: „Es gibt keine Auferstehung der Toten.“ (1. Kor. 15, 1c) Die Antwort des Paulus lässt an Deutlichkeit keine Wünsche offen. „Ist aber Christus nicht auferstanden, so ist unsre Predigt vergeblich, so ist auch euer Glaube vergeblich.“ (1. Kor. 15,14). Ja, der Apostel legt die Konsequenzen dar, die daraus folgern. Ohne die Auferweckung Christi wäre er ein falscher Zeuge, jemand der die Unwahrheit sagt. Wenn Christus nicht auferstanden ist, wäre der Glaube nichtig, nichts als ein Irrtum; gibt es keine Versöhnung mit Gott, haben die Widersacher Christi über ihn triumphiert, gäbe es auch für die Gemeinde zu Korinth und folglich auch für uns keine Auferstehungshoffnung. „So sind auch die“, schreibt Paulus, „die in Christus entschlafen sind, verloren.“ (1. Kor. 15, 18) Die Macht des Todes bliebe unberührt. Unerschütterlich hält der Apostel dem ein trotziges „Dennoch“ entgegen. „Nun aber ist Christus auferstanden von den Toten als Erstling unter denen, die entschlafen sind.“ (1. Kor. 15, 20) Seine Auferweckung begründet die Unsere. Als Getaufte und Glaubende gehören wir zu Christus, hier, im Sterben und im Tode. Soweit die Gedanken des Paulus. Wie steht es um uns? Was macht unseren Glauben aus? Oder anders gefragt, was glauben wir? Welchen Stellenwert hat der Glaube an die Auferweckung Christi in unserer Vorstellungs- und Glaubenswelt? Fraglos lässt sich der Glaube an die Auferweckung Christi nicht wirklich beweisen. Und mit dem Hinweis des Paulus auf die schauerlichen Konsequenzen für die christliche Gemeinde welche Folgen es hätte, wenn Christus nicht von den Toten auferweckt wäre, ist noch nichts entschieden. Ließe sich die Auferweckung Christi von den Toten beweisen, wären wohl alle Menschen der Überzeugung des Paulus. Es gibt Hinweise, die den Auferstehungsglauben zumindest nahelegen; so etwas wie Indizien.

Der Apostel Paulus erscheint dabei als ansprechendes Beispiel. Vor seiner Bekehrung, seinem Damaskuserlebnis, war er ein radikaler Gegner, ja ein

Verfolger der christlichen Gemeinde. Mit der Erscheinung des auferweckten Christus änderte sich sein Leben von Grund auf. Schließlich wurde er der wahrscheinlich wirkungsmächtigste Verkünder des Evangeliums von Jesus Christus und der NT Autor, der die meisten Schriften verfasst hat. Oder denken wir an Jesu Familie, an seine Mutter Maria und seine Brüder vor Ostern und nach Ostern. Sie taten sich schwer mit seinem Wirken. Bei Mk. finden wir den anstößigen Vers: „Und er ging in ein Haus. Und da kam abermals das Volk zusammen, sodass sie nicht einmal essen konnten. Und als es die Seinen hörten, machten sie sich auf und wollten ihn festhalten; denn sie sprachen: Er ist von Sinnen." (Mk. 3, 20 f.) Oder anders gesagt. Die eigene Familie hielt Jesus für verrückt. Nach Ostern sollte sich das ändern. Maria gehörte zur Gemeinde und Jakobus, sein Bruder, wurde eine der „Säulen" der jungen Kirche in Jerusalem, neben Kephas, also Petrus und Johannes. Im Johannesevangelium begegnet uns die knappe Bemerkung: „Denn auch seine(Jesu) Brüder glaubten nicht an ihn." (Joh. 7,5). Und etwas Weiteres kommt hinzu, nämlich der Blick auf seine Jünger vor und nach Ostern. Ängstlich hatten sie Jesus vor der Kreuzigung im Stich gelassen. Von Petrus wissen wir, dass er seinen Meister verleugnete. Nach Ostern ergab sich ein neues Bild. Aus einer verängstigten und traurigen Karfreitags Gemeinde wurde eine Kirche die den Mut fand, Christus den Auferstandenen zu bezeugen - und das auch gegen Widerstände, Einschüchterungen und Bestrafungen.

Gleichwohl, der Glaube an die Auferweckung Christi war und ist für viele Menschen schwer nachvollziehbar. Damals in Korinth und auch heute, mitten unter uns. Viele folgen der Parole: Jesus ja, Kirche nein. Oder: Jesus als Vorbild und Weisheitslehrer ja, Glaube an die Auferstehung von Toten, nein. Das ist so, seitdem die Menschheit von Jesus von Nazareth weiß- oder zumindest gehört hat. Die Gemeinde von Korinth, zumindest eine ihrer Gruppen, folgte dabei einem recht eigenen Freiheitsverständnis, das sich aus Weltweisheit und einer „höhere Erkenntnis", sowie Geist Besitz speiste. Ihr Grundsatz lautete: „Alles ist mir erlaubt." (1. Kor. 12,23) Sie meinte, dass die Auferweckung bereits hinter ihr lag.

So vertraten sie den Anspruch, bereits in einem „neuen Leben“ zu stehen.. Daraus leiteten sie die Freiheit von verbindlichen moralischen Verhaltensweisen und tradierten Glaubensvorstellungen ab, wie dem Wort vom Kreuz Christi und seine Auferweckung von den Toten als Grund unserer Auferstehungshoffnung. Die Folge war eine rücksichtslose Lebensgier, Egoismus und Selbstbezogenheit die kaum Rücksicht nimmt auf die Bedürfnisse anderer, selbst innerhalb der eigenen Gemeinde.

Darin, liebe Gemeinde, erscheinen Vertreter der Gemeinde von Korinth recht modern. Jedenfalls kommt einem ihr Lebens- und Glaubensverständnis recht bekannt vor.

Es gehört zum zeitgenössischen Lebenskonzept bereits hier und heute, jedenfalls unter den Bedingungen dieser Welt, so etwas wie den Himmel auf Erden zu etablieren. Das äußert sich heute im Konsum und im Luxus, in weiten Reisen und auch im Drogenkonsum. Viele Menschen suchen ihr Glück und die Erfüllung ihres Lebens im Hier und Heute; in Dingen und Produkten, die man kaufen, die man konsumieren kann.

Theologen und Philosophen führen diese Lebenshaltung auf den sog. „Verlust des Himmels“ zurück. Das bedeutet, dass der Einzelne in den Jahren, die ihm vergönnt sind, soviel wie möglich zusammenraffen und erleben muss, weil sonst die Angst entsteht, das Leben zu verpassen, das Leben zu verfehlen. Denn danach kommt nichts mehr. Auf das Leben hier folgt ein großes dunkles Loch. Zugleich schwindet die religiöse Bindung. Der christliche Glaube ist etwas Verbindliches. Wir binden uns an Gott, wir folgen Jesus Christus, so gut wir es vermögen. Im Glauben orientieren uns an Werten und Inhalten, wir binden uns an eine Gemeinde. Viele Menschen, und ich fürchte es werden immer mehr, lehnen Verbindlichkeiten und auch Autorität ab, göttliche zumal, weil es ihrem Freiheitsverständnis im widerspricht. Bedeutet Freiheit doch nach dieser Sichtweise, sich selbst, die eigenen Bedürfnisse, die eigene Denkweise in den Mittelpunkt zu stellen. Das Ich wird zu einem Gesamtkunstwerk. Doch wie viel Druck steht dahinter, wie viel Sorge. Und überhaupt, was ist denn das Ich des

Menschen. Ersetzen wir am Ende nicht die Autorität Gottes durch andere Mächte wie die öffentliche Meinung, Moden, Trends, Werbung und sonstige mediale und persönliche Einflüsse die uns sagen wie wir zu denken, zu glauben und zu leben haben. Niemand von uns hat sich selbst geschaffen. Wir sind auch immer die Summe der Einflüsse, die uns von Kindesbeinen an geprägt haben.

Ich denke, liebe Gemeinde, dass der Osterglaube uns von so etwas wie Selbsterlösung befreit. Wir wissen, zu wem wir als Christen gehören und wir wissen auch, wohin unser Weg führt. Er endet nicht auf dem Friedhof sondern führt in die Begegnung mit Jesus Christus unserem Herrn den wir schauen werden von Angesicht zu Angesicht. AMEN.

Gottesdienst am So., d. 15.04.2012 / 1. Sonntag nach Ostern (Quasimodogeniti)

Wochenspruch: „ Gelobt sei Gott, der Vater unseres Herrn Jesus Christus, der uns nach seiner großen Barmherzigkeit wiedergeboren hat zu einer lebendigen Hoffnung durch die Auferstehung Jesu Christi von den Toten.“ (1. Petr. 1,3)

Predigttext: Kolosserbrief 2,12- 15

Liebe Gemeinde,
der heutige 1. Sonntag nach Ostern trägt viele Namen: weißer Sonntag, Quasimodogeniti, was so viel bedeutet wie „wie neugeborene Kinder“ oder auch „die neue Geburt“. Der Sonntag nach Ostern ist, und darauf weisen diese Bezeichnungen hin, der traditionelle Taufsonntag in unserer Kirche. Neben der Osternacht ist er ein bevorzugter Tauftermin im Rhythmus des Kirchenjahres. Gerne, liebe Gemeinde, hätte ich im Rahmen dieses Gottesdienstes getauft, doch in Ermangelung von Täuflingen hat es nicht sollen sein.
Gleichwohl ist es für uns als Getaufte sinnvoll, wenn wir uns immer wieder darauf besinnen, wer wir als Getaufte sind, nämlich Gottes geliebte und vorbehaltlos angenommene Kinder. Menschen, die zu Christus gehören. Die Taufe hat ihren Grund nicht in uns. Ihr liegen weder Beschlüssen von Kirchenvorständen oder Kirchenleitungen zugrunde, noch Willensbekundungen von Pastorenkonventen oder Bischofskonferenzen. Die Taufe ist uns als Gemeinde und Gemeinden aufgetragen, wir haben sie nicht erfunden sondern vorgefunden. Sie ist uns als Auftrag vorgegeben. Jede Taufhandlung gründet sich allein und ganz allein auf ein Wort des Auferstandenen Christus an seine Jünger, gesprochen am Ostertag: „Mir ist gegeben alle Gewalt im Himmel und auf Erden. Darum gehet hin und machet zu Jüngern alle Völker; Taufet sie auf den Namen des Vaters und des

Sohnes und des Heiligen Geistes, und lehret sie halten alles, was ich euch befohlen habe. Und siehe, ich bin bei euch alle Tage bis an der Welt Ende.“ (Mt. 28, 18-20). Die Taufe kommt von Ostern her und steht in einem untrennbaren inhaltlichen Verhältnis zu diesem Ereignis. Der Apostel Paulus schreibt: „Wisst ihr nicht, dass alle, die ihr auf Christus Jesus getauft sind, die sind in seinen Tod getauft? So sind wir ja mit ihm begraben durch die Taufe in den Tod, damit, wie Christus auferweckt ist von den Toten, durch die Herrlichkeit des Vaters, auch wir in einem neuen Leben wandeln.“ (Röm. 6, 3-4) In der früheren Taufpraxis, der sogenannten Immersionstaufe, wie sie auch heute noch etwa von den Baptisten oder orthodoxen Kirchen praktiziert wird, wird der Täufling mit dem ganzen Körper drei Mal in das Wasser eingetaucht. Diese Handlung bringt ein symbolisches Sterben zum Ausdruck. Das Herausziehen aus der Taufe steht für das neue, das geschenkte Leben mit Christus – die Sünden, das Alte wird abgewaschen, von uns genommen.. Die neue Geburt sowie die Verheißung des ewigen Lebens gilt uns. Wir werden Mitglieder der Kirche durch die Taufe. Nicht wir, liebe Gemeinde, machen uns mit unseren Ja zu Gliedern der Kirche, sondern der lebendige Christus macht uns durch sein Ja zu Gliedern seines Leibes. Im Kern geht es nicht um so etwas wie Mitgliedschaft oder Integration in eine Organisation - die die Kirche natürlich auch ist -, sondern um Eingliederung, Inkorporation in Christus und zwar durch den Glauben.

Die Taufe, das Leben, unsere Ausrichtung im Glauben und Handeln und unsere Zukunft sollen und können wir von ihm her erhalten. Beides, der Grund der Taufe und das Ostergeschehen, stehen für das Leben, auch für unser Leben. Die Auferweckung Christi von den Toten und der Taufbefehl gehören zusammen. Was aber, liebe Gemeinde, ist mit dem Leben gemeint. Der Apostel Paulus schreibt: „Denn ich bin gewiss, dass weder Tod noch Leben, weder Engel noch Mächte noch Gewalten, weder Gegenwärtiges noch Zukünftiges, weder Hohes noch Tiefes noch eine Kreatur uns scheiden kann von der Liebe Gottes, die in Christus Jesus ist, unserm Herrn.“ (Röm. 8, 38.39)

Mit der Auferweckung Christi von den Toten sind alle Mächte im Grundsatz besiegt und entmachtet. Gott ist stärker als sie. Das beweist der Sieg Christi über die letzte Macht, die jedem Menschen vor Augen steht, nämlich den Tod. Es gibt keine Macht der wir uns unterwerfen müssten, weder Menschen, noch Gewalten, weder Organisationen noch Weltanschauungen und (radikalen) Parteien. Weder Horoskope noch Sternbilder, weder Esoterik in ihren verschiedenen Gestalten noch Wahrsagerei und schon gar nicht die Versprechungen der Werbung für ein erfülltes Leben haben irgendwelchen Einfluss auf unser Leben, haben irgendeine Macht über uns. Es sei denn, ja es sei denn, wir räumen ihnen diese Macht ein und lassen sie zu. Paulus schreibt: „Ihr seid teuer erkauft; werdet nicht der Menschen Knechte." (1. Kor7, 23) Und damit, liebe Gemeinde, sind wir mitten drin in unserem Predigttext. Paulus setzt sich mit einer einflussreichen geistigen Strömung seiner Zeit innerhalb der Gemeinde von Kolossä auseinander, die anderen Mächten so etwas wie göttliche Macht zuerkennt. Der Kolosserbrief interessiert sich stark für das Verhältnis zwischen Christus und dem Kosmos; von da aus wird dann das Verhältnis Christi zu den Gläubigen bestimmt. Ich möchte und kann, liebe Gemeinde, auf diesen ganzen religionsgeschichtlichen Hintergrund der sogenannten Gnosis - was so viel bedeutet wie „Erkenntnis" - hier nicht weiter eingehen. Wichtig erscheint die Vorstellung, dass Gestirne und Planeten also kosmische Mächte das Leben der Menschen bestimmen, weil sie selbst einen „kosmischen Lichtfunken" in sich tragen - was jedoch nicht für alle gilt. Für Paulus ist diese Vorstellung abwegig und steht gegen den Glauben an Christus. Die Auferstehung Christi, so Paulus, vollzog sich als Himmelfahrt durch den Kosmos hinauf, als Triumphzug: Die Mächte des Zwischenraumes werden gefangen. Christus ist ihr Herrscher und erweist sich als solcher, indem er seine Gefangenen zur Schau stellt - und so etwas verehren die Gnostiker als Kult! Die Gnosis sieht in diesen Mächten erlösende Wesen und Kräfte. Erlösung bedeutet für sie, aus der sichtbaren Welt in den himmlischen Raum dieser Mächte zu fliehen. Dagegen zeigt nun der Kolosserbrief, dass diese Mächte Welt - Wesen sind; sie besitzen keine Erlöserkraft. Und Erlösung ist nicht Flucht aus der Welt. Es geht vielmehr darum, dass die Welt selbst bewältigt wird, mit all den kleinen und großen Problemen mit denen wir in unserem Leben konfrontiert werden.

Paulus findet für das Gemeinte starke Worte: „Denn in Christus ist alles geschaffen, was im Himmel und auf Erden ist, das Sichtbare und das Unsichtbare." (Kol. 1, 16). „ Es gilt zu erkennen das Geheimnis Gottes, das Christus ist, in welchem verborgen liegen alle Schätze der Weisheit und der Erkenntnis." (Kol. 2,3) „Denn in ihm (in Christus) wohnt die ganze Fülle der Gottheit leibhaftig, und an dieser Fülle habt ihr Teil in ihm, der das Haupt aller Mächte und Gewalten ist." (Kol. 2,9 f.). Mit einem Wort: Er ist der „Herr", und zwar absolut gesetzt. Durch ihn sind alle Mächte und Gewalten, im Himmel und auf Erden gebrochen und besiegt, ein für alle Mal. Sie haben keine Macht über uns.

Der Predigttext ist hochaktuell, auch wenn er bereits vor 2000 Jahre geschrieben wurde. Er läuft für uns als Hörer und Leser auf die Frage hinaus: Wer oder was bestimmt unser Leben? Wovon lassen wir unser Leben bestimmen? Unter welchen Mächten und Einflüssen stehen wir in unserem Denken und Handeln? Sind wir frei?

Ich möchte zur Veranschaulichung des Gemeinten zwei Personen in den Mittelpunkt stellen, denen unsere Kirche viel zu verdanken hat. Einer von ihnen ist Martin Luther. Wir sehen ihn in der Regel als gefeierten und erfolgreichen Reformator. Doch hatte er auch sehr starke Anfechtungen, Selbstzweifel bis hin zu Depressionen, wie wir heute sagen würden. Er stand gegen den Kaiser, gegen den Papst, gegen Beschlüsse von Konzilien, gegen viele Landesfürsten und gegen die Kirche seiner Zeit. Das Einzige was er als Autorität anerkannte war die Heilige Schrift und Gottes darin enthaltene Wort. Bei allen lebensgefährlichen Drohungen und Anfeindungen durch Kaiser und Papst war es ihm stets ein großer Trost zu wissen, dass er getauft ist: Ich bin getauft, das schrieb er mehrere Male vor sich hin, darin fand er Trost und Stärkung. Ich gehöre zu Gott. Ich bin gehalten. Mein Leben hat einen Grund und ein Ziel.

Die andere Person an die ich denke ist der Pastor Paul Schneider der nach etwa 20 monatiger Haft im Konzentrationslager Buchenwald im Juli 1939 vom

Lagerarzt ermordet wurde. Er war damit der erste evangelische Pfarrer der noch vor Beginn des 2. Weltkrieges getötet wurde und hinterließ sechs kleine Kinder, wovon die älteste 12 Jahre alt war. Schneider war Pastor in zwei Gemeinden im Hunsrück, Dickenschied und Womrath, und geriet früh mit den braunen Machthabern in Konflikt. Er lehnte den Hitlergruß ab. Verweigerte 1936 seine Wahlbeteiligung. Er stand gegen die Nürnberger Gesetze, gegen Euthanasie und kritisierte heftig die Einführung und Anwendung des Arierparagraphen innerhalb der Kirche. Schließlich wurde er aus seinen Gemeinden entfernt, womit Paul Schneider sich nicht abfinden konnte. Die Kirchenvorstände hielten zu ihm, während das Konsistorium offen mit der Gestapo paktierte - bis zu seinem Tode. Es folgten für ihn Haftzeiten und schließlich die Zeit in Buchenwald. Etwa 13 Monate verbrachte Schneider unter erschwerten Haftbedingungen im sog. Bunker, u.a. im sog. „Schwarzen Bunker". Von dort aus sprach er den Mitgefangenen auf dem Appellplatz Worte der Bibel und Mut zu. Nicht zuletzt deshalb trug er bald den Namen „Der Prediger von Buchenwald". Beim Appell anlässlich des Geburtstages von Adolf Hitler lehnte er es ab die Mütze vor der Fahne abzunehmen. Er empfand das als „Götzendienst". Sein Weg war gezeichnet durch Schläge, Folter und Gewalt durch den sadistischen KZ - Aufseher Martin Sommer, aber auch durch Glaubensstärke, Worte der Hl. Schrift und ein Wissen um die Taufe. Auch für ihn galt: Ich bin getauft. Ich gehöre zu Christus im Leben, im Sterben und im Tode. Das hat er sehr eindrucksvoll gelebt.

Liebe Gemeinde, wir sind weder Martin Luther noch Paul Schneider. Wir wissen nicht, wie wir uns in einer vergleichbaren Situation verhalten würden. Wie mutig wären wir angesichts solcher Mächte und Gewalten, die doch so übermächtig erscheinen? Zugleich ist es unsinnig einen Leistungskatalog dafür erstellen zu wollen, wie richtiges Verhalten aussieht. Aber, wir wissen wer wir sind. Wir wissen zu wem wir gehören. Wir wissen wer der Herr ist über die Geschichte und alle Mächte und wir wissen, an wem wir uns orientieren können: „Christus spricht: Ich bin die Auferstehung und das Leben. Wer an mich glaubt, der wird leben, auch wenn er stirbt; und wer da lebt und glaubt an mich, der wird nicht sterben." (Joh. 11,25.26) AMEN.

Gottesdienst am So., d. 07.04.2013 / 1. Sonntag nach dem Osterfest (Quasimodegeniti)

Wochenspruch: „Gelobt sei Gott, der Vater unseres Herrn Jesus Christus, der uns nach seiner großen Barmherzigkeit wiedergeboren hat zu einer lebendigen Hoffnung durch die Auferstehung Jesu Christi von den Toten.“ (1. Petr. 1,3)

Predigttext: Markusevangelium 16, 9-14 (15-20)

Liebe Gemeinde,
das Osterfest liegt hinter uns, aber die Osterzeit dauert noch einige Wochen an. Genauer gesagt, bis Pfingsten, dem Fest der Ausgießung des Hl. Geistes, 50 Tage nach Ostern. Diese Zeit gibt, zumal in unseren Gottesdiensten, besonders der Freude Ausdruck, der großen Freude über die Auferweckung Christi von den Toten. Wir dürfen bereits heute darauf vertrauen, dass weder Schmerz noch Leid, weder zerstörerische Kräfte noch Krankheiten, weder Weltanschauungen noch politische Machthaber, weder Trauer noch der Tod letzte Macht über uns besitzen. Im Glauben an die Auferweckung Christi können wir über den Tod hinausblicken und uns bereits heute als „ neugeborene Kinder“ verstehen und begreifen. Unser Leben ist letztlich nicht abhängig von den Unwägbarkeiten und Wechselfällen dieser Welt, sondern unser Leben liegt in der Hand Gottes geborgen, des Schöpfers, der auch dort einen Neuanfang zu setzen vermag, wo scheinbar, aber auch nur scheinbar, alles vorbei ist. Der Glaube an Christus eröffnet uns einen neuen Horizont der weit über die sichtbaren Grenzen dieser Welt hinausreicht, und lässt uns bereits heute teilhaben an seinem Sieg und an seiner Herrlichkeit.
Der Sonntag Quasimodogeniti ist der traditionelle Taufsonntag. Leider und in Ermangelung an Täuflingen können wir in diesem Gottesdienst keine Taufe feiern; aber das sollte uns nicht davon abhalten einige Gedanken anzusprechen,

die für uns als Getaufte von Bedeutung sind. Durch die Taufe werden wir zu Christen. Durch die Taufe gehören wir zu Christus, zugleich werden wir unter den Segen und Schutz des dreieinigen Gottes gestellt. Gott handelt in der Taufe an uns. In der Taufe sagt Gott zu uns Ja, und zwar unabhängig davon, ob wir diesem Ja zu uns mit unserem Ja zu ihm antworten können. Gott steht zu uns unabhängig davon, ob wir zu ihm stehen können. Theologen sprechen von der „vorausgehenden Gnade und Liebe Gottes“ die nicht abhängig ist von unserer Einstellung. Gott und sein Handeln, mehr noch, sein Wesen, ist nicht abhängig von unserer Entscheidung. Da zumeist kleine Kinder getauft werden wird deutlich, dass ihrem Leben das Ja Gottes vorangeht und voran steht.
Der Taufbefehl den wir kennen, kommt aus dem Mund des auferstandenen Christus. Das bedeutet, liebe Gemeinde, dass unser Selbstverständnis als Christen, unsere christliche Identität auf dem Ostergeschehen beruht. Grundlage unseres Christseins und unseres Glaubens ist ein Ereignis, das sich unserem Vorstellungshorizont und unserem Verstand entzieht. Ja, Ostern und Taufe haben eine ganze Menge miteinander zu tun. Im Römerbrief schreibt der Apostel Paulus: „Wisst ihr nicht, dass alle, die wir auf Christus getauft sind, die sind in seinen Tod getauft? So sind wir ja mit ihm begraben durch die Taufe in den Tod, damit, wie Christus auferweckt ist von den Toten durch die Herrlichkeit des Vaters, auch wir in einem neuen Leben wandeln.“ (Röm. 6,3 f.) Zur Zeit des Paulus, und über viele Generationen hinweg, wurden Täuflinge dreimal vollständig in das Wasser eingetaucht und wieder herausgezogen. Mit diesem Vorgang, er wird auch als „Immersionstaufe“ bezeichnet, sollten die Vorwegnahme von Tod und Auferweckung zum Ausdruck kommen. Die Macht des Todes ist auch für uns bereits heute gebrochen. Im christlichen Glauben ist somit im Keim schon da, worauf wir hoffen, nämlich das Ganze, das wirkliche Leben. Der Glaube vermag Zukunft in Gegenwart hereinzuziehen. Dass es diese Zukunft gibt, ändert die Gegenwart; die Gegenwart wird vom Zukünftigen berührt, und so überschreitet sich Kommendes in Jetziges und Jetziges in Kommendes hinein. Weil wir im Glauben bereits heute Anteil am „wirklichen Leben“ haben und weil uns eine

Zukunft jenseits des Todes zugesagt wird, sind wir „wie neugeborene Kinder", eingeladen in die Gemeinschaft mit dem auferstandenen Christus. Als Glaubende leben wir bereits heute im Lichte des Ostersieges Gottes; eines Glaubens, der jedoch immer auch vom Unglauben angefochten ist. Erst in der Vollendung werden wir von „Glaubenden" zu „Schauenden", die ohne Anfechtung in der vollen Gemeinschaft der Kinder Gottes mit dem Vater leben, wie es im 1. Joh. heißt.

Unser Predigttext aus dem Mk. schildert die Schwierigkeiten der Jünger, diesen österlichen Glauben anzunehmen und sich von herkömmlichen Denk- und Erklärungsweisen zu lösen. Darin ist unser Text sehr aktuell. Maria von Magdala erscheint als erste Zeugin des Auferstandenen. Über die Art der Begegnung zwischen ihr und Christus erfahren wir nichts. Am vergangenen Sonntag war genau diese Begegnung Gegenstand der Predigt. Die trauernde, die weinende Maria ging zum Grab und musste entdecken, dass es leer war. Sie erkennt einen ihr unbekannten Mann und hält ihn zunächst für den Gärtner. Sie vermag den Auferstandenen nicht zu erkennen. Erst als er sie mit ihrem Vornamen anspricht: „Maria", erkennt sie Christus und antwortet mit dem einen Wort: „Rabbuni", das heißt, mein Meister. Mit der Anrede gibt der Auferstandene sich ihr persönlich zu erkennen, sie ist gemeint. Die Antwort der Maria enthält vor allem Bekenntnis. Christus ist für sie der „Maßgebliche", deshalb und nur deshalb sprechen wir von dem „Herrn". Aus der trauernden Maria wir durch die Begegnung mit dem Auferstandenen eine Verkündigerin des Erlebten. Sie bleibt mit ihrem Glauben nicht bei sich selbst; ihr Glaube erscheint keineswegs als Privatsache über die man nicht spricht, sondern teilt sich mit. Maria, so erfahren wir bei Markus, „ging hin und verkündete es denen, die mit ihm gewesen waren und Leid trugen und weinten." (Mk. 16,10) Aber die Jünger können ihr nicht glauben. Der Unglaube der Jünger durchzieht das gesamte Mk.

Wir erfahren weiter von zwei Jüngern, denen sich der Auferstandene „in anderer Gestalt" unterwegs offenbarte. In den beiden können wir unschwer die „Emmausjünger" erkennen. Voller Trauer wollten sie nach der Kreuzigung Jesu in ihren Alltag zurückkehren. Unterwegs gesellte sich der Auferstandene zu ihnen. Doch ihre Augen wurden gehalten und sie erkannten ihn nicht. Sie sprachen über die Ereignisse, die in Jerusalem die Runde machten, nämlich Gerüchte über die Auferweckung Jesu. Der „Fremde" legte den beiden Jüngern die Hl. Schrift aus, der zufolge alles so sein musste, weil in Gottes Plan vorgezeichnet. Am Abend saßen sie zusammen beim Mahl. „Und es geschah, als er mit ihnen zu Tisch saß, nahm er das Brot, dankte, brach s und gab s ihnen. Da wurden ihre Augen geöffnet und sie erkannten ihn. Und er verschwand vor ihnen." (Lk. 24,30 f.). Die beiden Zeugen berichten den anderen Jüngern von ihren Erlebnissen, doch auch ihnen glauben sie nicht.

Schließlich offenbarte sich der Auferstandene den „Elf", als sie zu Tisch saßen. Er „schalt ihren Unglauben und ihres Herzens Härte, dass sie nicht geglaubt hatten denen, die ihn gesehen hatten als Auferstandenen." Daraufhin erfolgt der Missions- und Taufbefehl. „Geht hin in alle Welt und predigt das Evangelium aller Kreatur." (Mk. 16,15) Die Jünger sollen mit ihrem Glauben nicht bei sich bleiben, sondern in die Welt gehen und Gott bezeugen. Glauben bedeutet, Gott im Alltag mit Worten und Taten zu bekennen, ihn zur Geltung zu bringen.

Offenbarung, liebe Gemeinde, bedeutet so viel wir göttliche Selbstmitteilung und mit ihr steht und fällt der Glaube. Ja, Glauben kann es nur dort geben, wo Gott sich mitteilt, wo er sich zeigt. Er beruht auf einer Begegnung mit dem lebendigen Christus. Unser Glaube, liebe Gemeinde, gründet sich auf ein personales, ein persönliches Verhältnis zu Christus. Was der Evangelist Markus immer wieder betont und hervorhebt ist nicht weniger als dies: dass es Glaube, Zeugenschaft, Verkündigung, Gnade, Heil gibt, ist Gottes Tat gegen alles Widerstreben des Menschen. Die Verkündigung der Botschaft von der Auferweckung Christi von den Toten bewirkt rein gar nichts, wenn es nicht zur Begegnung mit dem Auferstandenen kommt, der die Initiative ergreift, sich mitteilt und Menschen in seine Gemeinschaft ruft. Der Glaube an den auferstandenen Christus ist keine menschliche Möglichkeit oder Leistung. Mit unseren Kräften sind wir zu dieser Einsicht nicht fähig. Sie ist Gabe, sie ist Geschenk; Frucht einer Begegnung mit ihm. Unser Text spricht gegen die Annahme vieler Glaubenskritiker, dass die Jünger und Anhänger Christi selbst die Illusion in die Welt gesetzt haben, Christus sei Auferstanden. Ein solches Wunschdenken lassen die Jünger vermissen.

Wie aber, liebe Gemeinde, gelangen wir zum Glauben an den Auferweckten? Wie ist Glaube möglich? Im Alltag begegnet mir seit Jahren die Sichtweise: Jesus, schön und gut. Er war ein guter und weiser Mensch, bescheiden und barmherzig, der sich den Armen und Verachteten zugewandt hat. Das Doppelgebot der Liebe gibt Orientierung und ist wichtig, das Vaterunser ist hilfreich, die Seligpreisungen stimmen hoffnungsvoll und die Feindesliebe verweist auf einen hohen ethischen und moralischen Anspruch. Aber mit der Auferweckung, muss das wirklich sein? Ist das nicht ein altes Ammenmärchen? Kann man das nicht weglassen? Gehört so etwas noch in unsere aufgeklärte Zeit?

Das gesamte Neue Testament enthält Glaubenszeugnisse, die das Ostergeschehen zur Voraussetzung haben. Alles was wir über Jesus erfahren, sehen wir durch die Brille des Osterglaubens der den neutestamentlichen Autoren gemeinsam ist. Sie stellen Jesus nicht sachlich, distanziert, nüchtern und objektiv dar, sondern parteiisch, durch die Erfahrung von Ostern hindurch. Sie wollen bezeugen, wer Christus ist, was er auch uns bedeuten kann. Ihr Anliegen ist es nicht, uns möglichst wertfrei über ihn zu informieren, damit wir klüger werden; vielmehr legen sie ein Glaubenszeugnis ab, um uns zu einer Begegnung mit Christus zu verhelfen, damit wir an ihn glauben können. Mehr noch, alle biblischen Zeugnisse zielen darauf ab, in uns Glauben zu wecken. Dies ist zugleich der eine und einzige Auftrag der Kirche.

Für eine solche Begegnung, liebe Gemeinde, gilt es bereit zu sein. Glaube lässt sich nicht befehlen oder verordnen, Glaube kann man nicht machen oder demonstrieren. Wir hören und lesen Gottes Wort nicht anders als durch das Zeugnis der hl. Schrift, durch das Gott zu uns spricht, durch das er uns zu berühren und zu bewegen vermag. Wir haben Gott nicht anders als durch sein Wort, durch seinen Geist, den wir im Zeugnis der Bibel finden. Glaube entsteht, wenn wir spüren, wenn wir ahnen, wenn wir zu der Überzeugung gelangen, dass wir gemeint sind. Unser Glaube weiß um die Gegenwärtigkeit Christi, darum, dass er nicht im Tode geblieben ist. Zugleich wird uns bewusst, dass er „der Weg und die Wahrheit und das Leben ist“, dass sein Wort uns tröstet und aufrichtet; ja, dass er unserer Schwachheit aufhelfen kann und uns die Wahrheit lehrt. Wir, liebe Gemeinde, können dem auferstandenen Christus begegnen. Die einzige Voraussetzung dafür ist jedoch, dass wir zu dieser Begegnung bereit sind und sie für möglich halten. Wissen wir doch, wo wir ihn finden können. AMEN.

Gottesdienst am 02. 06. 11 (Himmelfahrt)

Wochenspruch: „Christus spricht: Wenn ich erhöht werde von der Erde, so will ich alle zu mir ziehen.“ (Joh. 12,32)

Predigttext: Apostelgeschichte 1, 3-4 (5-7) 8-11

Liebe Gemeinde,
heute feiern wir das Fest „Christi Himmelfahrt“. In unserem Predigttext aus der Apostelgeschichte heißt es: Christus „ließ sich sehen unter ihnen (seinen Jüngern) vierzig Tage lang und redete mit ihnen vom Reich Gottes“(V. 3). Über einen Zeitraum von vierzig Tagen nach der Auferweckung von den Toten erschien Christus und lehrte die Jünger, bereitete sie auf die Zeit seiner Abwesenheit vor; auf jene Zeit, in der er durch den Hl. Geist wirkt - und das bis auf den heutigen Tag.

Im Neuen Testament ist diese Geschichte ohne Parallele. Bei Lukas heißt es knapp: „Er führte sie aber hinaus bis nach Bethanien und hob die Hände auf und segnete sie. Und es geschah, als er sie segnete, schied er von ihnen und fuhr auf gen Himmel.“ (Lk. 24, 50. 51)

Mit der Himmelfahrt endet die Ostergeschichte, Jesus nimmt Abschied von den Seinen und zugleich beginnt etwas Neues. Darüber hinaus gilt, dass die Himmelfahrtsgeschichte ähnlich schwer vorstellbar ist wie die Ostergeschichte - d. h. eigentlich gar nicht. Doch wissen wir, dass biblische Geschichten eine Botschaft, bzw. Botschaften enthalten, die transportiert werden sollen und Gegenstand unseres Glaubens sind. Es geht im Glauben nicht vorrangig um die Anerkennung eines mysteriösen Vorganges der sich vor 2000 ereignet hat, sondern um die Anerkennung dessen, was er bedeutet. Es geht nicht um das Fürwahr halten eines Mirakels, von etwas Sensationellem, das isoliert für sich steht, wie ein Spektakel. Lassen Sie uns deshalb, liebe Gemeinde, den zentralen

Inhalten der Himmelfahrtsgeschichte nachgehen und überlegen, was uns dieser Text heute zu sagen hat - worin seine Aktualität besteht.
Unser Predigttext beginnt damit, dass Jesus sich 40 Tage nach Ostern als der Lebendige erwies und das Reich Gottes verkündete. Letzteres meint vor allem, dass der Auferstandene das predigte, was der vorösterliche Jesus auch vermittelte. Die Verkündigung des Reiches Gottes ist für Jesus zentraler Inhalt seines Wirkens gewesen. Seine Taten, seine Heilungen etwa, standen ganz im Dienste dieser Verkündigung. Es gibt über diese beiden Perioden hinweg eine Kontinuität - sowohl der Person als auch des Inhalts nach. Die Rede ist von 40 Tagen, die Jesus sich nach der Auferweckung unter seinen Jüngern sehen ließ. Wir dürfen vermuten, dass es dabei um so etwas wie eine Zurüstung der Jünger für die Zeit nach Christi Himmelfahrt ging. Von großer und aussagekräftiger Symbolkraft ist die Zahl 40. Wir kennen die Geschichte von den 40 Tagen, die Jesus in der Wüste verbrachte und von dem Teufel versucht wurde. Die Zahl 40 steht hier für eine Zeit der Bewährung aber auch der Anfechtung. Ganz ähnlich verhält es sich mit den 40 Jahren, die Israel nach dem Auszug aus Ägypten in der Wüste erlebtc. Wir sprechen in diesem Zusammenhang gelegentlich von einer Wüsten Erfahrung. Einer Zeit des Mangels und der scheinbaren Perspektivlosigkeit. Die bedrückende Vergangenheit bleibt verklärt mit Undankbarkeit gegenüber Gott, der angeklagt wird. Das Alte liegt hinter den Israeliten, das Neue ist noch nicht erreicht. Aus diesem Schwebezustand erwachsen leicht Unzufriedenheit und Hoffnungslosigkeit. Es gibt viele biblische Geschichten die die Symbolzahl 40 beinhalten, doch scheint mir eine Geschichte aus dem Alten Testament unserem Text besonders verwandt zu sein. Berichtet wird im Buch Exodus vom Aufenthalt des Mose auf dem Gottesberg, dem Sinai, um die zehn Gebote, die göttliche Offenbarung des Willens Gottes zu empfangen. Die 40 Tage stehen auch für eine Zeit der Vorbereitung, dem Gottesvolk diese Offenbarung mitzuteilen. Das sog. „Gesetz des Mose“ im Alten Bund und der „Hl. Geist“ im Neuen Bund stehen für Mitteilungen, Selbstmitteilungen Gottes, in denen wir ihm begegnen, in denen er sich uns zu erkennen gibt.

Die vierzig Tage, in denen Jesus mit seinen Jüngern zusammen war, wird von Lukas als eine Zeit der Unterweisung geschildert. So fragen die Jünger, ob er das Reich für Israel wieder aufrichten wird? Jesus geht auf diese Frage überhaupt nicht ein. Er denkt nicht in nationalen und politischen Kategorien wie etwa denen eines herodianischen Großreiches. Er ist kein politischer Erneuerer und Machthaber. Vielmehr antwortet er mit Hinweis darauf, dass sie weder Zeit noch Stunde wissen sollen, die Gott in seiner Macht bestimmt. Zugleich weist er ihnen eine Aufgabe zu. Sie werden den Hl. Geist empfangen und seine Zeugen sein, in Jerusalem und in ganz Judäa und Samarien und bis an das Ende der Erde. D. h. die Jünger, und wir dürfen hinzufügen, ihre Nachfolger, sollen Christus in aller Welt bezeugen. Sie und wir sollen nicht die Hände in den Schoss legen und uns Spekulationen darüber hingeben, wann Christus wiederkommen wird und was er dann tun wird. Vielmehr sollen wir ihn tatkräftig und glaubwürdig bezeugen, auf ihn hinweisen, ihn als lebendig erweisen. Dabei hilft uns der Hl. Geist, dabei hilft uns der feste Glaube, dass Christus wiederkommen wird. Unser Leben bewegt sich u. a. zwischen zwei Koordinaten, oder zwei Grenzen, dem Gekommensein Christi und seiner Wiederkunft. Die Apostelgeschichte des Lukas berichtet von der Mission der Jünger und des Stephanuskreises bis hin zum Wirken des Paulus. Der Weg der Kirche führte in der Kraft des Hl. Geistes von Jerusalem bis nach Rom, dem damaligen Zentrum der Erde. Dabei ist wichtig, und ich denke auch für uns sehr wichtig zu wissen, dass weder die ersten Christen noch wir als Menschen, die Christus bezeugen und zu bezeugen haben, diesen Weg alleine gehen müssen. In der Kraft des Hl. Geistes geht Christus auch mit uns.

Im Schlussteil unseres Predigttextes ist der Vorgang der Himmelfahrt Christi Thema. Er wurde aufgehoben und eine Wolke nahm ihn auf vor ihren Augen weg. Während sie ihm nachschauten, wie er gen Himmel fuhr, traten zwei Männer in weißen Gewändern zu ihnen. Ihre Botschaft an die Jünger: Dieser Jesus, der von euch weg gen Himmel aufgenommen wurde, wird so wiederkommen, wie ihr ihn habt gen Himmel fahren sehen. Diese Szenerie erinnert zum Teil an die Ostergeschichte. Dort sind es zwei, bzw. ein Engel, weiß gewandete Männer, die

das „leere Grab“ erklären, und als Boten mitteilen, dass Christus nicht unter den Toten zu finden sondern Auferstanden ist. Auferweckung Jesu und Christi Himmelfahrt sind so ungewöhnliche Ereignisse, die wir uns selbst nicht sagen können, sondern die wir uns nur sagen lassen können.
Die Geschichte von „Christi Himmelfahrt“ mutet in mancher Hinsicht befremdlich an, so etwa im Blick auf die Wolke, die Jesus hinweg nahm. Wir wissen heute, dass sich hinter den Wolken nicht der Himmel im biblischen Sinne befindet. Auf der anderen Seite enthält unsere Geschichte eine ganze Reihe von Botschaften, die auch für uns und unsere Zeit von großer Bedeutung sind:
Wir können Christus nicht mehr in der Weise sehen und erleben, wie es den ersten Jüngern vergönnt war, die von ihm direkt unterwiesen worden sind.
Zugleich sagt Christus uns seine Nähe in der Kraft des Hl. Geistes zu. Er ist durch ihn bei uns und er verspricht uns, dass er wiederkehren wird. Unser Leben hat ein Ziel vor sich, eine Begegnung. Wir leben in Erwartung des wiederkehrenden Christus.
- Von zentraler Bedeutung ist das Kirchenverständnis, dass aus unserem Text spricht. Kirche existiert in der Kraft des Hl. Geistes. Sie ist die Gemeinschaft der Gläubigen - Leib Christi. Kirche gibt es dort, und nur dort, wo der Glaube an Christus gelebt und weiter getragen, bezeugt wird. Wir sind keine wartende Kirche die sich Spekulationen über den Zeitpunkt von Christi Wiederkehr überlässt, sondern eine handelnde Gemeinschaft im Geiste Christi. Viel wird in der Kirche über Ämter, die bevorstehende Bischofswahl in Hamburg und immer wieder, auf allen kirchlichen Ebenen, über das Geld gesprochen. All das, liebe Gemeinde, ist zweifellos wichtig; aber ein Bibeltext wie dieser verhilft uns zur Besinnung auf die Grundlagen dessen, was Kirche ist.
Christus ist das Haupt der Kirche. Unser Text lehrt uns, dass er ihr Anfang und ihr Ende ist und vor allem, in Gestalt des Hl. Geistes, ihr Erhalter. So können wir alle Tage unverzagt und getrost unseres Weges gehen, in der Gewissheit, dass wir nicht alleine gehen müssen. AMEN.

Gottesdienst am 05.06.2011 / 6. Sonntag nach Ostern (Exaudi)

Wochenspruch: „Christus spricht: Wenn ich erhöht werde von der Erde, so will ich alle zu mir ziehen." (Joh. 12,32)

Predigttext: Johannesevangelium 7, 37-39

Liebe Gemeinde,
mit dem heutigen sechsten Sonntag nach Ostern, Exaudi, was so viel bedeutet wie „erhöre", stehen wir zwischen zwei wichtigen christlichen Festen. Am vergangenen Donnerstag haben wir Christi Himmelfahrt gefeiert. Das Ereignis der Erhöhung Christi in den Himmel, in die Sphäre Gottes, von der aus er regiert und wiederkehren wird, zu einem Zeitpunkt, den wir nicht kennen; doch wir sind versehen mit einem Auftrag, nämlich Christus bis an die Enden der Welt zu bezeugen.
Und an Pfingsten geht es, ohne den dann stattfindenden Gottesdiensten vorgreifen zu wollen, um die Ausgießung des Hl. Geistes. Jener Kraft die Glauben wirkt und uns Christus vergegenwärtigt. Bezeugung Christi beginnt mit der Gabe des Hl. Geistes. Es ist das Amt der Kirche, Christus zu bezeugen. So wird denn das Pfingstfest nicht selten als Geburtstag der Kirche bezeichnet. Es gibt keine Kirche ohne den Hl. Geist. Wir bekennen das mit den Worten des Glaubensbekenntnisses: Ich glaube an den Hl. Geist, die hl. christliche Kirche, Gemeinschaft der Heiligen. Die Kirche ist insofern und nur insofern heilig, als in ihr der Geist Gottes wirkt. Wir glauben nicht an die Kirche als einer Gemeinschaft von Menschen die sich nach eigenen Interessen engagiert, vielmehr glauben wir an die Kirche als den Leib Christi, in dem er gegenwärtig und wirksam ist.
Martin Luther schreibt im Kl. Katechismus zum 3. Artikel des Glaubensbekenntnisses:
„Ich glaube, dass ich nicht aus eigener Vernunft noch Kraft an Jesus Christus,

meinen Herrn, glauben oder zu ihm kommen kann; sondern der Hl. Geist hat mich durch das Evangelium berufen, mit seinen Gaben erleuchtet, im rechten Glauben geheiligt und erhalten; gleichwie er die ganze Christenheit auf Erden beruft, sammelt, erleuchtet, heiligt und bei Jesus Christus erhält im rechten einigen Glauben."

Unser Predigttext fügt sich in diese, hier vielleicht etwas dogmatisch und lehrhaft anmutenden Gedanken. Im Kern geht es aber auch im Abschnitt aus dem Johannesevangelium um die Frage, wer ist Jesus nach der Auferweckung von den Toten? Inwiefern ist er der Christus, unser Heil?

Den Hintergrund der Worte Jesu nach Überlieferung des Johannes bildet der siebte Tag den Höhepunkt des sog. Laubhüttenfestes. Jesus befindet sich, eingebunden in jüdische Traditionen und vertraut mit ihnen, im Tempel, um an dem Fest teilzunehmen. Dabei handelte es sich um das wichtigste, abschließende Erntefest(Obst und Weinernte) und galt als eines der drei wichtigsten israelitischen Feste überhaupt. Es wurde im Oktober mit einer Wallfahrt nach Jerusalem gefeiert. Die Symbolik von Wasser und Licht spielte dabei eine große Rolle. Verbunden wurde dieses Fest mit der Bewahrung Israels in der Wüste(3. Mose 23, 43). Der Errettung aus einer lebensfeindlichen Umwelt, die geprägt war von Kargheit, Hitze und Wassermangel.

Das Wort Jesu knüpft wohl an die Wasserspende an, die am letzten Tag des Festes besonders feierlich war. Das am frühen Morgen von den Priestern aus dem Teich Siloah geschöpfte Wasser wurde in einer liturgisch reich ausgestatteten Prozession in einer goldenen Kanne zum Brandopferaltar hinaufgetragen und zusammen mit der täglichen Weinspende in die beiden Schalen des Altars gegossen. Der Ruf Jesu: „Kommt zu mir" erinnert deutlich an die Einladung der Weisheit, bei ihr den Durst der Seele zu stillen (Spr. 9, 4 ff.).

Aber gegenüber dem Kult im Rahmen des Laubhüttenfestes mit seinen ritualisierten, penibel einzuhaltenden Abläufen einerseits, und dem Anspruch der Weisheit andererseits, klingen die Worte Jesu unvergleichlich: „Wen da dürstet, der komme zu mir". Wahre Befriedigung für den Durst nach Leben finden wir bei ihm und nur bei ihm. Wir erfahren dies nicht in einem Ritual, das auch ohne unsere innere Beteiligung vollzogen werden kann. Der Durst nach Leben wird nicht dadurch befriedigt, dass ein Priester in einem Tempel für uns einen symbolträchtigen Vorgang feiert, zelebriert. Er wird letztlich auch nicht dadurch befriedigt, dass wir Weisheit im alttestamentlichen Sinn empfangen. Jesus selbst ist in Person die Antwort auf unsere tiefsten und innersten Bedürfnisse: Ich bin der Weg und die Wahrheit und das Leben; niemand kommt zum Vater denn durch mich. Wer mich sieht, der sieht den Vater. Ich bin die Auferstehung und das Leben. Wer an mich glaubt, der wird leben, auch wenn er stirbt. Ich bin die Tür, wenn jemand durch mich hineingeht, wird er selig werden. Ich bin der gute Hirte. Ich bin das Licht der Welt. Ich bin das Brot des Lebens. Wer zu mir kommt, der wird nicht hungern; und wer an mich glaubt, den wird nimmermehr dürsten. Jesus sagt uns zu, dass er unseren Hunger und Durst befriedigt, und zwar in einer Weise, die weit über den äußeren, bildlichen Rahmen des Genannten hinausgeht. So ist Jesus mehr als ein Hirte, der Schafe hütet. Er ist mehr als ein Laib Brot, der unseren Hunger nach Essbaren kurzfristig befriedigt oder Wasser im Sinne einer chemischen Verbindung (H2O), das zweifelsohne lebenswichtig ist. Was aber, liebe Gemeinde, sind unsere innersten Bedürfnisse und Wünsche, auf die Jesus die Antwort ist: „Wer an mich glaubt, wie die Schrift sagt, von dessen Leib werden Ströme lebendigen Wassers fließen." Das ist ein gewaltiger Zuspruch der auch uns gilt. Der Anspruch Jesu ist es, Menschen in die Gemeinschaft mit Gott zu rufen, er wirbt um ihre Teilhabe am Reich Gottes. Die Abkehr und Trennung von Gott, die Entfernung von ihm verbunden mit dem Anspruch, von ihm nichts wissen zu wollen ist das, was wir als Sünde begreifen.

Alles menschliche Leben wird an Maßstäben ausgerichtet, nach Zielen und Werten, die wir für wichtig erachten. Welche bestimmen das Leben der Gesellschaft und welche prägen unser Leben? Sind es Dinge wie Geld, Autos, weite Reisen, luxuriöser Lebensstil, Immobilien, überhaupt Besitz, der Wunsch berühmt zu werden(Castingshows), das Streben nach ewiger Jugend? Vieles ließe sich noch anführen. Darüber stellt sich die Sinnfrage. Was gibt meinem Leben

Inhalt und Sinn? Welcher Durst steht hinter diesen Bedürfnissen? Und kann dieser Durst gestillt, wirklich befriedigt werden. Lassen sich das Streben nach Geld und luxuriösem Lebensstil überhaupt wirklich befriedigen und befriedigen sie uns? Zudem ist allem materiellen Streben eine natürliche Grenze gesetzt, nämlich der Tod und es gilt, was der Volksmund sagt: „Das letzte Hemd hat keine Taschen“ und unsere Zeit ist bemessen. Welche Werte sind für uns leitend? Woran orientieren wir uns? Worin sehen wir den Inhalt und Sinn unseres Lebens? Das sind Fragen, liebe Gemeinde, die im Rahmen einer Predigt nicht wirklich erschöpfend erörtert werden können, aber es lohnt sich, ihnen nachzugehen- ganz persönlich, ganz individuell.

Bei allen sozialen Problemen und materiellen Schieflagen bis hin zur Armut, die es zweifelsohne in unserer Gesellschaft auch gibt und um die wir wissen, hat es zugleich noch nie in der Geschichte so viel Wohlstand gegeben wie heute. Es gibt eine Reihe von Gütern, die für uns mehr oder weniger selbstverständlich geworden sind, jedenfalls gegenüber früheren Generationen(Autos, Computer, Artikel der Unterhaltungselektronik, Reisen). Daran haben wohlgemerkt nicht alle gleichen Anteil. Aber sind die Menschen darüber zufriedener geworden? Die Zahl psychischer Erkrankungen nimmt stetig zu, wie auch die Zahl der Menschen mit Burnout- Syndrom. Bewahrt der Wohlstand vor psychischen Problemen? Ist Wohlstand gleichzusetzen mit Zufriedenheit? Wohl kaum!

Doch welchen Weg weist uns Jesus? Ich denke, gegen den Zeitgeist seiner und unserer Zeit, setzt er seinen Geist. Dieser steht somit gegen rituell- kultisches Denken und Wohlstandsstreben. Er verheißt für die Zeit nach seiner Verherrlichung das Kommen des Geistes, des Parakleten, was so viel bedeutet wie Tröster, der Jesus vertreten wird, in dem Jesus selbst zu den Seinen kommt. Jesus spricht nach Joh. 14, 26: „Aber der Tröster, der Heilige Geist, den mein Vater senden wird in meinem Namen, der wird euch alles lehren und euch an alles erinnern, was ich euch gesagt habe.“

- Christus vermag auch heute durch den Hl. Geist bei uns anwesend zu sein, und zwar so präsent, wie bei den Menschen vor 2000 Jahren in einem kleinen Winkel

der damaligen Welt.
- Seine Gegenwart, seine Worte und Taten können heute in gleicher Weise wirken wie damals.
Unser Glaube geht auf das Wirken des Hl. Geistes zurück. Glaube ist nicht machbar, er ist kein Menschenwerk.
Durch den Glauben können wir inneren Frieden erfahren, weil er uns vergewissert, dass Gott großes für uns bereithält, nämlich das Reich Gottes und weil Christus uns annimmt, uns vorbehaltlos bejaht, so wie wir sind. Bei ihm müssen wir uns unseren Wert nicht verdienen oder erarbeiten. Ich glaube, liebe Gemeinde, dass sich insbesondere darin eine tiefe Sehnsucht vieler Menschen ausspricht, ein großer Durst, der befriedigt werden will, durch „Ströme lebendigen Wassers", in denen sich Christus mitteilt.
Seit Ostern wissen wir, dass Christus den Tod besiegt hat und er keine Macht mehr über uns hat. Wir dürfen mit der befreienden Wahrheit leben, dass wir als Christen, als zu Christus gehörende, an seinem Sieg teilhaben. Das, liebe Gemeinde, sollte uns die Angst vor dem Sterben nehmen. Wir sind in Christus geborgen.
Christus erweist sich als lebendiges Wasser indem er uns Trost und Mut zuzusprechen vermag. Zugleich vergibt er uns Sünden, so wie er den Menschen seiner Zeit Sünden vergab. Wir erfahren Frieden, wenn wir von dem freigesprochen werden, was uns belastet und bedrückt.
Unser Leben hat ein Ziel vor sich, eine Begegnung. Wir leben in Erwartung des wiederkehrenden Christus. Das bedeutet aber auch, das Leben mehr ist als die Summe der bemessenen Jahre, die uns hier vergönnt sind. Leben in Orientierung an Christus vermag zu befreien von den bedrückenden Erfahrungen des oft engen Alltages.
Ich wünsche uns, liebe Gemeinde, Offenheit für den Hl. Geist, durch den Christus zu uns kommt und zu wirken vermag, wie Ströme lebendigen Wassers. Ich wünsche uns, dass wir alle die Erfahrung machen, dass er unseren Durst nach Leben löscht, gerade wenn wir Wüsten Erfahrungen durchleiden. AMEN.

Andacht zum Pfingstfest 2014

„Niemand kann Jesus den Herrn nennen außer durch den Heiligen Geist." (1. Kor. 12,3 b)

Nach Weihnachten und Ostern steht Pfingsten für das dritte große christliche Fest im Laufe eines Kirchenjahres. Aber anders als die Vorstellungen, die wir mit der Geburt oder Auferweckung Christi verbinden, bleibt das Pfingstgeschehen von der Ausgießung des Heiligen Geistes recht abstrakt und wenig anschaulich. 50 Tage nach Ostern empfing - so nach der Überlieferung der Apostelgeschichte des Lukas - die Gemeinde in Jerusalem den Heiligen Geist, den Geist Gottes. Unmittelbar vor seiner Himmelfahrt - 40 Tage nach Ostern - hatte Jesus seinen Jüngern diese Gabe angekündigt: „Ihr werdet die Kraft des Heiligen Geistes empfangen, der auf euch kommen wird, und werdet meine Zeugen sein in Jerusalem und in ganz Judäa und Samarien und bis an das Ende der Erde." (Apg. 1,8) Im Folgenden beschreibt Lukas den Weg der Verkündigung und der Ausbreitung der Kirche von Jerusalem bis nach Rom. Es ist im Wesentlichen dieser Geist, die Kraft Gottes, die Gegenwart Christi im verkündigten Wort der Apostel, die Träger der Mission ist.

Aus einer ängstlichen und traurigen Gemeinde in Jerusalem, die noch ganz unter dem Eindruck der Kreuzigung Jesu stand und sich vor ihrer Umwelt fürchtete, wurde eine mutige Gemeinde, die es mit der Zeugenschaft für Christus ernst nahm und in die Welt hinausging. Selbst Anfeindungen und Gewalt von Seiten ihrer Umwelt konnten die Jünger nicht von ihrer Zeugenschaft abbringen; auch nicht die Tötung des Stephanus, des ersten christlichen „Blutzeugen" (Märtyrers). Ganz im Gegenteil. Die Flucht und Vertreibung seiner Weggenossen führte zu verstärkter Verkündigung in den umliegenden Gebieten.

Selbst ein ehemaliger fanatischer Verfolger der noch jungen Kirche, Paulus von Tarsus, wurde vom Heiligen Geist in den Dienst genommen und verkündigte das Evangelium von Jesus Christus.

Durch den Heiligen Geist ist Christus anwesend, auch heute, mitten unter uns. Im Evangelium nach Johannes sagt Jesus vor seiner Kreuzigung: „Aber der Tröster, der Heilige Geist, den mein Vater senden wird in meinem Namen, der wird euch alles lehren und euch an alles erinnern, was ich euch gesagt habe.“ (Joh. 14,26) Als Christen betreiben wir im Hören und Lesen der Bibel keine nostalgische Besinnung auf einen Toten. Vielmehr vertrauen wir darauf, dass wir die lebendige Stimme des Auferstandenen hören. Denn der Heilige Geist schenkt uns den Glauben, den wir zu machen oder zu erzwingen nicht in der Lage sind - und das ist auch gut so. Glaube entsteht, wo es zu einer Begegnung mit dem auferstandenen Christus kommt und das geschieht in der Begegnung mit seiner Botschaft, mit seinem Wort. Der Glaube ist keine menschliche Möglichkeit, sondern ein Geschenk, gewirkt durch den Heiligen Geist.

In seiner Erklärung zum 3. Artikel des Glaubensbekenntnisses, bringt der Reformator Martin Luther das Gemeinte auf den Punkt: „Ich glaube, dass ich nicht aus eigener Vernunft noch Kraft an Jesus Christus, meinen Herrn, glauben oder zu ihm kommen kann; sondern der Heilige Geist hat mich durch das Evangelium berufen, mit seinen Gaben erleuchtet, im rechten Glauben geheiligt und erhalten;gleichwie er die ganze Christenheit auf Erden beruft, sammelt, erleuchtet, heiligt und bei Jesus Christus erhält im rechten, einigen Glauben;...“. An anderer Stelle schreibt Luther: „Es kann niemand Gott noch Gottes Wort recht verstehen, er habe es denn unmittelbar von dem Heiligen Geist.“ (Magnificat verdeutscht und ausgelegt 1521/WA 7,546). Für Luther und die protestantische Tradition ist auffällig, wie der Heilige Geist an das äußere, das gepredigte Wort gebunden ist.

Gleichzeitig jedoch schenken uns die Bibel und der Heilige Geist Freiheit von so manchen Zeitgeistern, Modemeinungen und medialen Einflüssen die uns zu bestimmen suchen. Denn mit den Worten des Paulus gilt auch für uns was mit der Gabe des Heiligen Geistes gemeint ist: „Der Herr ist der Geist; wo aber der Geist des Herrn ist, da ist Freiheit.“ (2. Kor. 3,17) AMEN.

Gottesdienst am 19.05.2013 / Pfingstsonntag

Wochenspruch: „Es soll nicht durch Heer oder Kraft, sondern durch meinen Geist geschehen, spricht der Herr Zebaoth." (Sacharja 4,6)

Predigttext: Johannesevangelium 14,23-27

Liebe Gemeinde,
am heutigen Sonntag feiern wir das Pfingstfest. Wir erinnern uns an das Ereignis der Ausgießung des Hl. Geistes 50 Tage nach Ostern. Pfingsten bedeutet ja so viel wie, frei übersetzt, 50 Tage. In der Epistel für diesen Tag haben wir gehört, wie die Jünger erstmals nach Ostern den auferstandenen Christus frei bezeugten. Sie legten ihre Angst ab, lösten sich von ihren geheimen, ihren verborgenen Zusammenkünften und gingen mit ihrem Glauben an die Öffentlichkeit. „Und sie wurden alle erfüllt von dem Heiligen Geist und fingen an zu predigen in anderen Sprachen, wie der Geist ihnen gab auszusprechen." (Apg. 2,4) Die Jünger fingen an genau das zu tun, was ihnen Christus vor der Himmelfahrt aufgetragen hatte. „Ihr werdet die Kraft des Hl. Geistes empfangen, der auf euch kommen wird, und werdet meine Zeugen sein in Jerusalem und in ganz Judäa und Samaria und bis an das Ende der Welt." (Apg.1,8)

Das Predigen der Jünger in fast allen damals bekannten Sprachen nimmt das Ergebnis dieses Weges vorweg. Das Evangelium von Jesus Christus ertönt in allen Sprachen.

Zugleich, liebe Gemeinde, steht das Pfingstfest für den Beginn der Kirche. Ja, allgemein hin wird geradezu von Pfingsten als dem „Geburtstag der Kirche" gesprochen. Nach evangelischem Verständnis, wie z. B. in der „Augsburgischen Konfession" von 1530 beschrieben, heißt es: „Es wird auch gelehrt, dass allezeit eine heilige, christliche Kirche sein und bleiben muss, die die Versammlung aller Gläubigen ist, bei denen das Evangelium rein gepredigt und die heiligen Sakramente laut dem Evangelium gereicht werden.“ (CA 7) Was Kirche ihrem Wesen nach ausmacht, wird denkbar knapp beschrieben. Als Kirche, oder als Leib Christi, sind wir eine Glaubensgemeinschaft, deren Grundlage und Inhalt das gehörte und gelebte Wort Gottes ist. Die Kirche ist eine Gemeinschaft von Menschen, die eine Beziehung, eine persönliche Beziehung zur Person Christi besitzen. Er ist das Wort, durch das Gott zu uns spricht. Die Gemeinschaft zeigt sich in unseren Zusammenkünften um das Evangelium und die Sakramente. Alle Reformatoren sind sich mit dem Neuen Testament darin einig, dass es, um Glauben zu erlangen, ein Amt der Verkündigung, ein Predigtamt geben muss. Der Apostel Paulus schreibt: „So kommt der Glaube aus der Predigt, das Predigen aber durch das Wort Christi.“ (Röm. 10, 17) Entscheidend für die Kirche ist das Wort Gottes, das unseren Glauben wecken will. Alles andere, liebe Gemeinde, was wir sonst mit dem Begriff „Kirche“ verbinden, bleibt in der Bibel und den Bekenntnissen der Reformatoren ausgespart: Kirchliche Gebäude, Ämter, Gremien, Vorstände, Ausschüsse, Synoden, Liturgien so etwas wie ein oberstes Amt wie das eines leitenden Bischofs oder Papstes, die Kleiderordnung der Pastorinnen und Pastoren, kirchliches Regelwerk bis hin zur Läuteordnung und Gesetze usw. usw. Bei alledem handelt es sich letztendlich um menschliche Ordnungen, mithin um veränderbare, vorläufige Einrichtungen die ihre Zeit haben und deren Zeit vergeht. So können wir, liebe Gemeinde, Kirche gestalten; aber wir können die Kirche nicht machen. Sie entzieht sich im Innersten dem menschlichen Machbarkeitsanspruch – wie wir ihn in fast allen Lebensbereichen kennen: In der Arbeitswelt, wo die Leistung zählt; in der Wissenschaft, wo Menschen durch neue Erkenntnisse den Fortschritt schaffen; in der Politik, wo die menschliche Macht zählt, sich durchsetzt und im Idealfall die Gesellschaft im guten Sinne gestaltet.

Aber zurück zum Hl. Geist. Die Jünger predigten in der Kraft des Hl. Geistes. D. h. ihr Wirken ging über ein rein menschenmögliches Handeln weit hinaus - ebenso wie der Glaube. Der Hl. Geist, durch den Christus uns erreicht, ist die Kraft, die in uns den Glauben wirkt; denn den Glauben, liebe Gemeinde, das wissen wir,

können wir nicht machen, oder erwerben oder erzwingen - und das ist auch gut so! Glaube ist nicht verfügbar. Anordnungen zu Glauben oder Verbote zu glauben gehen letztlich ins Leere.
Martin Luther schreibt zum dritten Artikel des Glaubensbekenntnisses: „Ich glaube, dass ich nicht aus eigener Vernunft noch Kraft an Jesus Christus, meinen Herrn, glauben oder zu ihm kommen kann; sondern der Hl. Geist hat mich durch das Evangelium berufen, mit seinen Gaben erleuchtet, im rechten Glauben geheiligt und erhalten…"
Der große Theologe, Karl Barth, führt in seiner monumentalen „Kirchlichen Dogmatik" aus: „Der Hl. Geist ist die erweckende Macht, in der sich Jesus Christus seinen Leib, d. h. seine eigene irdisch - geschichtliche Existenzform, die eine, heilige, allgemeine, apostolische Kirche geschaffen hat und fort und fort erneuert…"(KD § 62). Und weiter schreibt er: „Der Heilige Geist ist die erweckende Macht, in der Jesus Christus einen sündigen Menschen zu seiner Gemeinde und also dazu beruft, als Christ an ihn zu glauben: ihn als den Herrn zu anerkennen, zu erkennen und zu bekennen…"(KD § 63). Der Heilige Geist, liebe Gemeinde, ist die Kraft, durch die das Wort Gottes, mehr noch, durch die Christus selbst, zu uns kommt und in uns Glauben wirkt. Wir begegnen ihm nicht anders als durch seinen Geist. Der Hl. Geist kann als eine Kraft verstanden werden, durch die Christus zu uns kommt, sich uns erschließt und Glauben wirkt, der für uns zur inneren Gewissheit und zur Wahrheit wird, die unser Denken und Handeln leitet. Darum, liebe Gemeinde, geht es im Blick auf die Bedeutung des Hl. Geistes.
Das mag vielleicht alles, wie ich fürchte, sehr theologisch und abstrakt klingen. Doch im Kern, liebe Gemeinde, geht es um nicht mehr und nicht weniger als darum, dass Christus lebt und dass durch den Hl. Geist das Band zwischen ihm und uns bestehen bleibt. Er spricht durch sein Wort zu uns, wie vor 2000 Jahren in Galiläa, Samaria, Judäa und Jerusalem und schenkt uns Glauben, Trost und Hoffnung.
Es ist schwer, liebe Gemeinde, über den Glauben an Christus und die Wirkung des Hl. Geistes zu sprechen. Entscheidend ist vielmehr, dass wir uns auf Christus

einlassen, dass wir sein Wort und seine Stimme zu hören bereit sind; dass wir ihm zutrauen uns zu bewegen. Glaube entsteht, Glaube ereignet sich, wenn wir ihm offen und vorurteilsfrei begegnen. Denn er vermag uns, liebe Gemeinde, zu berühren, wenn wir zu einer Begegnung mit ihm bereit sind.

Christus kann in uns Glauben wirken. Dafür finden sich im Umfeld unseres Predigttextes viele wohltuende Worte. Und dabei geht es keineswegs um das Fürwahr halten irgendwelcher unverständlicher und abgestandener Dogmen: „Ich lebe und ihr sollt auch leben." (Joh. 14,19). Wahres Leben gibt es nur in der Gemeinschaft mit Christus. Wenige Verse vor unserem Predigttext spricht er: „Ich bin der Weg und die Wahrheit und das Leben; niemand kommt zum Vater denn durch mich." (Joh. 14,6) Und weiter sagt Christus: „Aber der Tröster, der Hl. Geist, den mein Vater senden wird in meinem Namen, der wir euch alles lehren und euch an alles erinnern, was ich euch gesagt habe." (Joh. 14,26) Der Hl. Geist macht Christus für uns lebendig und gegenwärtig, auch und besonders als Tröster. Gott wurde in Christus Mensch, um uns auf einer menschlichen Ebene begegnen zu können. Nicht von oben herab, nicht über unsere Köpfe hinweg, sondern, wie wir gelegentlich sagen, auf „Augenhöhe". Durch den Hl. Geist werden uns nicht nur Glaubenswahrheiten erschlossen, sondern wir werden auch menschlich angerührt, in unserer Trauer und in Anbetracht unserer Hilflosigkeit und unserer Unzulänglichkeiten, unserer Not und unserer Verzagtheit. Christus und Gott werden Wohnung in uns nehmen. „Wer mich liebt, der wird mein Wort halten; und mein Vater wird ihn lieben, und wir werden zu ihm kommen…" (Joh. 14,23). Aber, liebe Gemeinde, das gilt nicht für alle Menschen. Unser Text kennt nicht nur wohltuende, aufbauende und Mut machende Worte, sondern auch solche, die irritieren. Jesus spricht von Menschen, die nicht auf seine Worte hören und von dem „Geist der Wahrheit, den die Welt nicht empfangen kann, denn sie sieht ihn nicht und kennt ihn nicht… (Joh. 14,17). Welche Menschen sind damit gemeint? Ich denke er hat jene im Blick, die ihn mit ihren Vorurteilen unbesehen ablehnen. Ich glaube, wir alle kennen Menschen, die dem Glauben, der Bibel aber auch Christus und der Kirche mit Unverständnis begegnen. Oft äußern sie Spott, ohne damit irgendwelche Sachkenntnis zu verbinden. Mitunter äußert sich die Ablehnung sehr aggressiv. Dafür gibt es eine Reihe von Gründen: Enttäuschungen über die Kirche und ihre Vertreter. Manche Zeitgenossen meinen, dass es nur das gibt, was man sehen und anfassen kann. Andere treibt eine verstiegene geistige Überheblichkeit um, nach der die Bibel ein abgestandenes Märchenbuch sein soll, das allenfalls noch Unterhaltungswert für Kinder besitzt, jedoch für das sog. „wirkliche Leben" völlig bedeutungslos ist. Überheblich ist diese Einstellung deshalb, weil eine offene und ernsthafte Auseinandersetzung mit ihren Inhalten nicht stattfindet. Viele Menschen sind einfach desinteressiert an der Bibel, der Frage nach Gott und Christus. Nicht wenige schließlich lehnen die Vorstellung ab, dass es einen persönlichen Gott geben soll der ihnen sagt, was sie zu denken, zu glauben und zu tun haben. Sie empfinden das als autoritär, undemokratisch und entmündigend. Ihnen liegt an eigenständigen und freien Entscheidungen, als ob sie sich selbst erfunden und erschaffen hätten; und als wären sie völlig frei von jeder Form von Prägung und Beeinflussung.

Es würde sich lohnen, liebe Gemeinde, auf all diese Haltungen näher einzugehen; doch würde das den Rahmen dieser Predigt sprengen. Wichtig erscheint mir der Gedanke, dass wir mit Vorurteilen und gedankenloser Ablehnung in unserer eigenen Vorstellungswelt gefangen bleiben, ohne dass sich uns wirklich Neues erschließt. Was als Ausdruck geistiger Freiheit, Unabhängigkeit und sogar Aufklärung erscheint, ist letztlich nicht mehr als eine Ignoranz und Beschränktheit, die an sich und nur an sich, genug hat. Es stimmt, was der portugiesische Seefahrer Magellan einmal sagte: Wer die Küste nie verlässt, dem werden sich keine neuen Ozeane erschließen."

Christus will uns durch den Hl. Geist für eine Wirklichkeit und Wahrheit öffnen, die größer ist als wir. Er will uns öffnen für die Liebe Gottes, die in ihm menschliche Gestalt angenommen hat und uns auch heute in unserem Alltag zu erreichen vermag; ja, die uns und unseren Alltag verändert." AMEN.

Gottesdienst am 08.06.2014 / Pfingstsonntag

Wochenspruch: „Es soll nicht durch Heer oder Kraft, sondern durch meinen Geist geschehen, spricht der Herr Zebaoth.“ (Sacharja 4,6)

Predigttext: Römerbrief 8,1 - 11

Liebe Gemeinde,
heute feiern wir das Pfingstfest. 50 Tage nach Ostern, so haben wir aus der Apostelgeschichte des Lukas gehört, empfing die Gemeinde in Jerusalem die Gabe des Hl. Geistes: „Und es geschah plötzlich ein Brausen vom Himmel wie von einem gewaltigen Wind und erfüllte das ganze Haus in dem sie saßen. Und es erschienen ihnen Zungen, zerteilt wie von Feuer; und er setzte sich auf einen jeden von ihnen, und sie wurden alle erfüllt von dem Heiligen Geist und fingen an zu predigen in anderen Sprachen, wie der Geist ihnen gab auszusprechen.“ (Apg. 2,2-4).Aus einer ängstlichen und verzagten Anhängerschaft wurden mutige Zeugen Christi.
Eine spektakuläres Geschehen, das damals in Jerusalem großes Erstaunen, ja Entsetzen auslöste. Im NT, besonders in den Evangelien, löst eigentlich immer nur einer Entsetzen aus, nämlich Jesus. Und zwar weil er, wie es verschiedentlich heißt, in Vollmacht lehrte und nicht wie die Schriftgelehrten.
Einfache Männer aus Galiläa, Fischer zumeist, verstanden sich in der Vielfalt fremder Sprachen auszudrücken und „die großen Taten Gottes“ zu verkündigen. Anders als in der „Geschichte vom Turmbau zu Babel“ bewirkt die Vielfalt der Sprachen keine Verwirrung oder, mehr noch, Chaos, sondern Verstehen, gemeinsames Verstehen einer Botschaft. Die vielen Juden, die aus zahlreichen Ländern zum Erntefest nach Jerusalem gekommen waren, hörten Gottes Stimme in ihrer jeweiligen Landessprache. Gott führt mit seinem Geist Menschen zusammen. Ja, Gott selbst verschafft sich durch seinen Geist Gehör, mehr noch,

Verstehen.
Wo Menschen „groß sein wollen“, sich einen „Namen machen möchten“ , „bis in den Himmel hinein“ zu bauen beabsichtigen und auch „sein wollen wie Gott“, entstehen Verwirrung, Gewalt und Trennung. Wo Menschen Götter sein wollen, können sie nur gegeneinander stehen. Wo sie aber in die Mitte hineintreten, in die Wahrheit Gottes, da treten sie in den Geist ein, der ihrer aller Geist trägt und der sie wahrhaft vereinen kann.
Damit sind „zweierlei Geister“ benannt, denen wir in der ganzen Bibel immer wieder begegnen. „Menschengeist“ der nach Größe und Bedeutung strebt und immer wieder Unfrieden hervorruft und der Geist Gottes, der Glauben wirkt und uns Christus nahe bringt. Es gibt gewissermaßen den Geist von unten und den von oben, der von Gott ausgeht. Ich weiß, liebe Gemeinde, das ist sehr vereinfacht ausgedrückt. Doch das Gemeinte wird noch deutlicher werden.
Unser Predigttext für den heutigen Sonntag nimmt sich wenig spektakulär aus und wirft zugleich eine Menge Fragen auf. Paulus will deutlich machen, was es heißt, auch für uns heißt, im Geist (Gottes) zu leben. Das ist sein Thema.
Mit anderen Worten nimmt er die vorgenommene Unterscheidung wieder auf. Er spricht „vom Gesetz des Geistes, der lebendig macht in Jesus Christus“ und auf der anderen Seite vom Gesetz der Sünde und des Todes. Aber was ist mit diesen kompliziert anmutenden Formulierungen genauer gemeint.
Zunächst: Durch das Erscheinen und Wirken Jesu, wie er uns besonders in den Evangelien begegnet, wird uns gesagt, was mit Gottes Gerechtigkeit gemeint ist. Als Menschen, die sich zu Christus bekennen, die Christen sind, wird uns diese Gerechtigkeit zugesprochen. Paulus schreibt zu Beginn unseres Predigttextes: „So gibt es nun keine Verdammnis für die, die in Christus Jesus sind.“ (Röm. 8,1). Nicht durch Gesetzeswerke, nicht durch unser Tun, nicht durch unsere Leistungen gelangen wir vor Gott zu Ansehen. Die Gerechtigkeit die vor ihm gilt, liebe Gemeinde, können wir nicht machen. Wir können uns von ihm nur gerecht sprechen lassen. Wir können durch die Kraft seines Geistes im Glauben annehmen, was bereits für die Menschen galt, die Jesus damals im Heiligen Land

begegneten, als er Menschen annahm, die schuldig geworden waren, die dabei waren, ihr Leben zu verfehlen: Sünder, Zöllner, Prostituierte. Weil diese Gerechtigkeit Gottes gilt, die Christus gelebt hat, brauchen wir weder Tod noch Verdammnis zu fürchten. Er spricht uns gerecht. Wir sind ihm recht. Natürlich handelt es sich dabei um eine Glaubensaussage, die weder beweis- noch demonstrierbar ist. Auch für den Glauben gilt, dass wir ihn nicht machen können. Er liegt jenseits und abseits unserer menschlichen Möglichkeiten. Es ist an uns, liebe Gemeinde, ihn zu erbitten, uns für ihn zu öffnen. Glaube entzündet sich am Wort der Heiligen Schrift. Christlicher Glaube orientiert sich an der Person Jesu Christi in der uns Gott selbst begegnet, in dem uns Gott sein menschliches Antlitz zuwendet. Glaube entsteht durch die Kraft des Hl. Geistes. Dieser Glaube eröffnet uns ein „neues Leben“, bereits heute, in dem Verdammnis keinen Platz mehr hat. In dem wir durch die Taufe durch Christus sichtbar angenommen sind.

Der Apostel Paulus geht in der Beschreibung des „Lebens im Geist“ sogar noch einen Schritt weiter. Auch der Tod hat für uns keine Bedeutung mehr. „Wenn nun der Geist dessen, der Jesus von den Toten auferweckt hat, in euch wohnt, so wird er, der Christus von den Toten auferweckt hat, auch eure sterblichen Leiber lebendig machen, durch seinen Geist, der in euch wohnt.“ (Röm. 8,11). Als Christen haben wir Anteil an der Auferweckung Christi von den Toten. Der Glaube macht uns frei von der Angst vor dem Tod. Wir bleiben kraft des Geistes mit ihm verbunden, im Leben und im Tode. Dass Christus durch seinen Geist in uns zu wohnen vermag, wird in unserem kurzen Text mehrmals betont. Ein Leben im Geist Gottes und Christi lässt Christus in uns sein. Im 1. Kor. (6, 19.20) schreibt der Apostel Paulus: „Wisst ihr nicht, dass euer Leib ein Tempel des Heiligen Geistes ist, der in euch ist und den ihr von Gott habt, und dass ihr nicht euch selbst gehört? Denn ihr seid teuer erkauft; darum preist Gott mit eurem Leibe.“ Der Geist ist als die Macht Gottes die Kraft, die in uns ist, so dass wir durch sie bestimmt werden. Das ist auch gemeint, wenn wir von Christus als dem Herrn sprechen. Er ist für uns größer als die Herren und Regierenden in dieser Welt. Er ist größer und stärker als Kräfte, die auf uns einwirken, dazu gehören auch Angst, Trauer, aber auch Hass, Unfrieden und Gewalt. Christus und der Geist der an ihm erkennbar ist will für uns eine Lebens- oder Daseinsmacht sein, der wir in unserem Glauben, Denken und Handeln Gestalt geben sollen. Der berühmte Schweizer Theologe Karl Barth schreibt: „Im Christus aber ist das Göttliche, das in unserem Dasein erscheinen muss, Natur, Gabe, Wachstum. Denn nicht eine neue Idee von Gott, sondern eine göttliche Lebenswelt, Atmosphäre und Daseinsmöglichkeit ist im Christus auf Erden erschienen. Für die, die im Christus sind, gibt es kein Fragen mehr nach der Wahrheit und nach dem Guten, sondern nur noch das Antworten und Auftun für den, der bei ihnen angeklopft hat (Apk. 3,20)" (K. Barth, Römerbrief 1919, S. 295) Im Anschluss an unseren Predigttext schreibt Paulus: „Denn welche der Geist Gottes treibt, die sind Gottes Kinder. Denn ihr habt nicht einen knechtischen Geist empfangen, dass ihr euch abermals fürchten müsstet; sondern ihr habt einen kindlichen Geist empfangen, durch den wir rufen: Abba, lieber Vater! Der Geist selbst gibt Zeugnis unserm Geist, dass wir Gottes Kinder sind." (Röm. 8,14-16)

Schauen wir auf „das Gesetz der Sünde und des Todes". Beides steht für Gottferne. Sünde meint mehr als den Verstoß gegen ein Gebot des Gesetzes. Es meint, sich von Gott zu entfernen; ihm jede Anerkennung und Geltung zu verwehren. Sünde bedeutet, sich Gott zu verweigern und nur die eigene Meinung, den eigenen Willen gelten zu lassen. Das Geschöpf verleugnet den Schöpfer. Nach dieser Sichtweise kreist der Sünder stets um die eigene Person. Der Tod schließlich steht nach der neutestamentlichen, ja biblischen Glaubens- und Gedankenwelt für die größtmögliche Gottferne.

Der Apostel verwendet ein weiteres Gegensatzpaar um deutlich zu machen, was Leben im Geist bedeutet, nämlich Geist und Fleisch. In früheren Zeiten hat man ein Leben im Fleisch gleichgesetzt mit dem Bestimmt-Werden durch sexuelle Triebhaftigkeit. Ein Leben im Fleisch wurde einseitig verstanden als ein Leben, das angeblich von sexuellen Begierden geprägt war. Das ist natürlich völliger Unfug. Fleisch meint etwas anderes als eine dämonische Kraft oder überwältigende Sinnlichkeit. Ein Leben im Fleisch im Sinne des Paulus meint hier

so viel wie ein Aussein auf das Nur - Menschliche, Irdisch Vergängliche, in dem Gott überhaupt kein Platz eingeräumt wird. Wir können das, liebe Gemeinde, leicht mit Inhalt füllen. Wir kennen die Gier nach Gewinnstreben mit all ihren Gefahren- nicht nur bei Bankern. Wenn jeder nur den eigenen Vorteil sucht bedeutet das nicht, dass es am Ende nur Gewinner gibt. Wir leben in einer zunehmend kälteren und individualistischen Gesellschaft, und dennoch gleichen sich Lebensstile und Verhaltensmuster und auch Meinungen immer mehr einander an. Durch allgegenwärtige Werbung, Internet, Facebook, Twitter überhaupt die allumfassende Digitalisierung droht eine in diesem Maße wohl noch nie dagewesene Beeinflussung der Menschen. Was bedeutet Individualität, „menschliche Einzigartigkeit" wenn unser Denken und Handeln zunehmend „gesteuert" werden; gewiss, nicht mehr von Diktatoren, aber von mächtigen Konzernen die auf Gewinne aus sind. Wir leben mit einer mehr oder weniger schleichenden Uniformierung unserer Gesellschaft, oft ohne es zu bemerken.
Sind wir wirklich frei in unseren Entscheidungen. Erschöpft sich Freiheit wirklich darin an verschiedenen Orten entscheiden zu dürfen. Vom Supermarkt mit seinen immensen Angeboten, über das Fernseh- und Unterhaltungsprogramm bis hin zu politischen Wahlen. Sind wir letztlich nicht abhängig von den Meinungen anderer. Für den Hl. Geist können wir uns nicht entscheiden; weht er doch, nach den Worten des Johannesevangeliums, wo er will, nicht wo wir wollen (Joh. 3,8). Der Heilige Geist ist nicht der Geist der Welt und nicht unser eigener Geist, sondern eben der Geist Gottes, der Geist Jesu Christi. Und wo seine Freiheit als Verbrämung für die eigene Willkür gebraucht wird, da kann man mit ziemlicher Sicherheit annehmen, dass das, was da weht, nicht der Heilige Geist ist. Paulus schreibt im 2. Kor. : „Der Herr ist der Geist; wo aber der Geist des Herrn ist, da ist Freiheit" (2. Kor. 3,17). Er verschafft uns Abstand, auch kritischen Abstand, zu den Geistern dieser Welt und er verbürgt uns, wie Paulus sagt, als „Angeld" bereits heute die Teilhabe am wahren Leben und am ewigen Leben. AMEN.

Gottesdienst am Sonntag, d. 15.06.2014 / Trinitatis

Wochenspruch: „Heilig, heilig, heilig ist der Herr Zebaoth, alle Lande sind seiner Ehre voll.“ (Jes. 6,3)

Predigttext: 2. Korintherbrief 13,11-13

Liebe Gemeinde,
die letzten Worte unseres Predigttextes, es sind zugleich die letzten Worte des 2. Korintherbriefes, sind uns vertraut. Sie haben, so auch heute, ihren festen Platz im Gottesdienst vor der Predigt: „Die Gnade unseres Herrn Jesus Christus...die Liebe Gottes... und die Gemeinschaft des Hl. Geistes“, stehen für die sogenannten drei Personen der Trinität, oder der sog. Dreifaltigkeit, wie sie uns auch im Glaubensbekenntnis begegnen. Ja, wir glauben an den einen Gott, der sich uns in drei Personen mitteilt. Genau das er an uns und in uns wirkt, erbitten wir vor jeder Predigt.

Mit den Worten des Predigttextes haben wir zugleich den vorläufigen Abschluss eines spannungsreichen Verhältnisses zwischen dem Apostel Paulus und der Gemeinde in Korinth vor uns. Nirgendwo schreibt der Apostel so persönlich wie hier. In keinem anderen Brief gibt er so viel von seinem Innenleben, von seinen Verletzungen und Gefühlen preis wie im 2. Korintherbrief. Und die Spannungen sind keineswegs beigelegt. Er kündigt einen weiteren, wahrscheinlich seinen dritten Besuch, in der Gemeinde an.

Dem vorausgegangen ist neben anderem der Vorwurf, Paulus sei gar kein richtiger Apostel, sondern ein erbärmlicher Schwächling. Es gibt gegen ihn Vorwürfe dieser Art: „Denn seine Briefe, sagen sie, wiegen schwer und sind stark; aber wenn er selbst anwesend ist, ist er schwach und kläglich.“ (2. Kor. 10,10) Den Apostel plagt „ein Pfahl im Fleisch“ (2. Kor. 2,7) eine Krankheit, die der Gemeinde nicht verborgen geblieben ist. Ja, es gibt andere Prediger in der

Gemeinde, die großen Eindruck hinterlassen. In unserer Nordkirche hätte er gewiss Schwierigkeiten gehabt, in den Vorbereitungsdienst übernommen zu werden oder sogar die Anstellungsfähigkeit als Pastor zu erwerben. Paulus schreibt: „Ich meine doch, ich sei nicht weniger als die Überapostel. Und wenn ich schon ungeschickt bin in der Rede, so bin ich es doch nicht in der Erkenntnis." (2. Kor. 11,5.6) Es gibt Leute, die ihn offenkundig schlecht machen und es gibt Leute innerhalb der Gemeinde, die sich einfangen lassen vom äußeren Schein. „Denn," schreibt Paulus voller Sarkasmus, „wir wagen uns nicht unter die zu rechnen oder mit denen zu vergleichen, die sich selbst empfehlen; aber weil sie sich nur an sich selbst messen und mit sich selbst vergleichen, verstehen sie nichts." (2. Kor. 10,12) Gemeindeglieder und Meinungsführer innerhalb der korinthischen Gemeinde werfen Paulus vor, dass er während seines Aufenthaltes in seinem erlernten Beruf als Zeltmacher gearbeitet hat, obwohl er das als Apostel nicht hätte tun müssen. Der Apostel steht dazu, wie auch zu all den Leiden und Qualen, den Strafen und Schlägen, dem Hohn und dem Spott, den er in seiner Eigenschaft als Gesandter Gottes, denn das bedeutet ja der Begriff Apostel, hat ertragen müssen. Doch was ihn am allermeisten schmerzt ist nicht einmal die Missachtung seiner Person innerhalb der Gemeinde, sondern dass seine Mission, seine Sendung als Apostel in Frage gestellt wird, das Evangelium von Jesus Christus, das zu verkündigen ihm von Gott aufgetragen wurde. Paulus ist kein gekränkter Narzisst, es geht ihm im Grunde genommen nicht um den Stellenwert der eigenen Person sondern immer um den Inhalt seiner Berufung, seines Apostolates, nämlich das Evangelium. Sein Auftrag zum Apostelamt, den er von Christus unmittelbar erhalten hat, ist nicht zu trennen von der Wahrheit des Evangeliums, dem Inhalt der Verkündigung. Schließlich wirkt der Apostel nicht in eigener Sache. Er steht zu den Tränen, die er vergossen hat: „Denn ich schrieb euch aus großer Trübsal und Angst des Herzens unter vielen Tränen; nicht damit ihr betrübt werden sollt, sondern damit ihr die Liebe erkennt, die ich habe besonders zu euch." (2. Kor. 2,4) Das der Schein oft stärker wiegt als das Sein ist eine Erfahrung, die also bereits Paulus zu seiner Zeit hat machen müssen.

Und doch, und doch, liebe Gemeinde schließt das Schreiben des Paulus nicht mit Resignation oder Bitterkeit. Er bricht auch nicht mit der Gemeinde, er zieht sich nicht zurück wie es leider viele tun, die sich über „die Kirche“ geärgert haben. Ganz im Gegenteil. Paulus gießt ein ganzes Füllhorn an Ermahnungen und Segenswünschen über die von ihm gegründete Gemeinde aus. Und er meint es ehrlich.

Er setzt für die Zukunft der Gemeinde und ihren Glauben nicht auf die Überzeugungskraft des eigenen Egos oder rhetorisches Geschick und Sprachkunst. Ebenso wenig wie auf schauspielerische Gaben oder tolle Ideen und Konzepte, mit denen er in der Gemeinde Eindruck erwecken könnte. Er will sich eben nicht „rühmen“ wie seine Widersacher und ihr Anhang.

Vielmehr vertraut er sich und die Gemeinde Gott an. Er wirbt um Versöhnung mit Gott: „So sind wir nun Botschafter an Christi statt, denn Gott ermahnt durch uns; so bitten wir nun an Christi statt: Lasst euch versöhnen mit Gott.“ (2. Kor. 5,20) Die Rückbesinnung auf den Glauben, so seine Hoffnung, vermag Gräben zu überwinden. Einige Begriffe, die Paulus verwendet, verdeutlichen dies. Sie bilden zwischen Apostel und Gemeinde ein verbindendes Band.

Trotz aller hässlichen und ehrabschneidenden Auseinandersetzungen besteht für die Gemeinde ebenso wie für Paulus Grund zur Freude: „Freuet euch!“ Gemeint ist die Freude der Erinnerung darüber, was Gott für uns getan hat im Leben und im Sterben Jesu Christi. Es ist die Freude über Gottes Schöpfung, die uns reich und fröhlich macht. In einer Gemeinde, wo von der Freude des Glaubens nichts zu hören und zu spüren ist, stimmt etwas nicht.

Wenn der Apostel Paulus vom Zurechtbringen und Ermahnungen spricht, meint er nicht Zurechtweisung oder Vorwürfe. Es geht nicht darum einen anderen klein oder „fertig zu machen“. Sie wollen uns gerade nicht festlegen auf das, was falsch läuft und falsch an uns ist, sondern sie sollen uns weiterhelfen, uns über uns hinaus bringen, den berühmten Schweinehund, den inneren und zähen, überwinden helfen. Im Griechischen ist das Wort für Ermahnen und Trösten dasselbe. Eine Gemeinde, die sich nicht mehr von Gott ermahnen lässt und untereinander

Achtung besitzt in Liebe und Ermahnung, eine solche Gemeinde ist trostlos.

Der „heilige Kuss“ war zur Zeit des Paulus Teil der Abendmahlsliturgie. Mit ihm begann die Feier. Nach der Verlesung eines Evangeliumstextes oder eben des Briefes eines Apostels, und zwar des ganzen Briefes, begann das Mahl. Der Hl. Kuss bringt Ehrfurcht und Verbundenheit zum Ausdruck, die es auch im Alltag zu zeigen und zu leben gilt. Die Verbundenheit derer die am Abendmahl teilnehmen gründet sich nicht auf Sympathien oder persönliche Vorlieben. Vielmehr entsteht sie dadurch, dass Christus uns in die Gemeinschaft mit sich ruft.

Von der Liebe Gottes zu uns Menschen zeugt die ganze Hl. Schrift. Gott geht auf uns zu, er teilt sich uns mit in der Geschichte, er offenbart sich, er sucht uns, er kommt uns entgegen, nicht nur im Geiste, sondern auch „im Fleische“, leibhaftig in unserer Gestalt. Die Liebe Gottes, sie ist uns gnädig zugewandt, und sie schafft Gemeinschaft mit den Menschen. „So sehr hat Gott die Welt geliebt, dass er seinen eingeborenen Sohn gab...“ Gottes Liebe zu uns wird in der Sendung seines Sohnes sichtbar und für uns erkennbar. Gottes Liebe hat einen Namen: Jesus Christus. In ihm wendet Gott den Menschen, auch uns, seine Liebe zu! Gottes Liebe wird an ihm erkennbar als das große Recht der Gnade. In der Sendung seines Sohnes erkennen wir Gottes Anspruch und Gottes Recht auf unser Leben als das Recht der Gnade, als Gottes ganze Zuwendung. Beides, Gottes Recht und Gottes Gnade, wird uns zugewandt in seinem Sohn, in Jesus, dem Christus. Die Begegnung Jesu mit Menschen, denen er auf seinem Weg begegnete, zeugen von eben dieser Gnade. Die Gnade Christi sei mit euch, weil Gott euch in Christus gnädig gesonnen ist! Die Gnade unseres Herrn Jesus Christus ist mit euch!

Oder um es mit Worten aus dem Johannesevangeliums zu sagen, die in der Weihnachtszeit in unseren Gottesdiensten gesprochen werden: „Und das Wort ward Fleisch und wohnte unter uns und wir sahen seine Herrlichkeit“ (Joh. 1, 14)

Der Hl. Geist vergegenwärtigt uns die Gegenwart Gottes und Christi. Er weckt und stärkt unseren Glauben, der sich der Machbarkeit entzieht. Ja, wir können Glauben nicht machen; das ist nur der göttlichen Kraft möglich, die wir Hl. Geist nennen. Glaube ist ein Geschenk, der sich zuallererst an Gottes Wort und dem

Wirken Christi festmacht. Und glauben, liebe Gemeinde, können wir auch nicht alleine. Wir stehen in der Gemeinschaft der Gläubigen, die über Generationen und Jahrhunderte, ja Jahrtausende, den Glauben an unseren gemeinsamen Gott weitergetragen hat, bis hin zu uns. Als Gemeinschaft im Geist erweisen wir uns gerade darin, diesen Glauben zu leben, mit Worten und Taten und ihn unsererseits weiterzutragen. Als Gläubige, als zu Christus Gehörige, genau das meint ja Kirche, sind wir auf Gemeinschaft hin angelegt. Glaube braucht immer wieder Nahrung, Anregungen, Austausch, Stärkung, Erbauung. Ein Glaube der ohne all das bleiben muss, verkümmert. Und der Glaube braucht ein Betätigungsfeld; bleibt er nur bei sich bewegt er sich im Unverbindlichen.

„Die Gemeinschaft des Hl. Geistes sei mit euch allen" 2. Kor. 13,13). Mit diesen Worten, liebe Gemeinde endet der 2. Brief des Paulus an die korinthische Gemeinde. Darin steckt eine Bitte aber auch eine Gewissheit. Der Hl. Geist möge sich in der Gemeinde zeigen; und zum Anderen: Welche Kraft, wenn nicht die Kraft Gottes, sollte den Glauben stärken, sowie gemeinschaftsbildend und friedensstiftend sein? Wo Menschen nach sehr eigenen Maßstäben leben, so wie in Korinth und anderswo, vermag Gott Menschen miteinander zu verbinden. AMEN.

Gottesdienst am 10.07.2011 / 3. Sonntag nach Trinitatis

Wochenspruch: „Der Menschensohn ist gekommen, zu suchen und selig zu machen, was verloren ist." (Lk. 19,10)

Predigttext: Lukasevangelium 15, 1-7

Liebe Gemeinde,
der heutige Sonntag steht unter dem Wort von der „Versöhnung", d. h. von der Versöhnung zwischen Gott und den Menschen. Zugleich handelt es sich bei den Texten aus dem 15. Kapitel des Lukasevangeliums, die wir gehört haben, um die bekannten Geschichten bzw. „Gleichnisse vom Verlorenen": „Vom verlorenen Schaf", „Vom verlorenen Groschen" und „Vom verlorenen Sohn". So richtig passend erscheinen diese Formulierungen jedoch nicht, denn weder das Schaf, noch der Groschen oder der Sohn gehen endgültig und wirklich verloren, sie werden wieder gefunden. Was jedoch allen drei Gleichnissen gemeinsam ist, liebe Gemeinde, das ist die Freude, die unbändige, jedes Maß übersteigende Freude, die jene Personen empfinden, die das scheinbar verloren Gegangene wieder finden: das Schaf, den Groschen und den Sohn. Bei den drei Geschichten aus dem Munde Jesu, mithin auch bei unserem Predigttext, handelt es sich um Gleichnisse; also um Geschichten, die von alltäglichen Vorgängen berichten und doch über sich hinausweisen, nämlich auf ein Handeln Gottes. Im Mittelpunkt aller drei Gleichnisse steht die Freude Gottes über abhanden Gekommenes. Auch das Schaf und der Groschen weisen über sich hinaus, und zwar auf Menschen, ebenso wie im Gleichnis vom verlorenen Sohn. Menschen können Gott abhandenkommen, das meint im Umkehrschluss, dass wir Menschen zu Gott gehören. Versöhnung bedeutet zunächst, dass wir um diese Gemeinschaft wissen, sie suchen und auch finden.
Doch wie verhält es sich im Alltag mit Gegenständen, die wir verlieren. Es gibt,

liebe Gemeinde, Dinge, die uns abhandenkommen, ohne dass wir das überhaupt merken. Etwa wenn der Ehepartner die Trennung von Gegenständen in die Wege leitet, für die wir schon seit langem keinen Platz und kein Auge mehr besitzen, etwa alte Kleidungsstücke. Manchmal kommt es vor, dass wir selbst uns unbewusst von Gegenständen trennen, z. B. von Heften, Zeitungen oder Zeitschriften in denen wir noch lesen wollten. Mitunter trennen wir uns im Blick auf eine Altkleidersammlung sehr bewusst von Gegenständen, die für uns einmal wichtig gewesen sind. Und manchmal, Sie kennen das, liebe Gemeinde, tut ein Verlust richtig weh, kann sogar in Panik versetzen. Ich denke dabei etwa an Autoschlüssel die verloren gehen. An die Fahrkarte, die wir nicht finden können oder an das Portemonnaie mit einer oder mehreren Kreditkarten, das nicht auffindbar ist. Neben dem drohenden materiellen Verlust trifft uns Immobilität, wir kommen nicht weiter und suchen voller Hektik und vielleicht sogar Panik-nicht selten sogar an immer denselben Stellen. Mitunter stellt sich im Hause Streit darüber ein, wer besagte Gegenstände zuletzt in der Hand hatte und für das Verlegen verantwortlich ist. Und schließlich, ja endlich, findet sich der verloren geglaubte Gegenstand wieder an. Erleichterung und ein tiefes Durchatmen, eine Riesenfreude macht sich unter den Betroffenen breit. Die Anspannung löst sich.

Das, liebe Gemeinde, sind alltägliche Verluste, manchmal finden sich Gegenstände wieder an, manchmal auch nicht. Aber es gibt Verluste, die sind schwerwiegender. Täglich verschwinden weltweit Menschen spurlos. Hierzulande bedingt durch Verbrechen, oder auch Jugendliche, die sich ihrem Elternhaus und ihrem persönlichen Umfeld entziehen. Und es gibt diktatorisch regierte Länder in denen die sog. Staatsgewalt kritische oder einfach nur unter Verdacht stehende Menschen verschwinden lässt, die in Folterkellern enden, ob in Syrien, Saudi - Arabien oder Weißrussland, viele Staaten ließen sich nennen.

Gleich nach dem Kriege und noch viele Jahre danach gab es den Suchdienst des Roten Kreuzes. Nach Krieg und Flucht ging es darum Menschen und Familien wieder zusammenzuführen. Auch hier lagen Freude und großes Leid dicht beieinander. Es gibt viele Menschen die bis heute nicht wissen, wo ihre

Angehörigen geblieben sind, was mit ihnen geschehen ist.

In diese Situation hinein, mit dem Wissen darum, was Verlust bedeutet, bedeuten kann, hören wir unseren Predigttext. Das Ende und die Quintessenz, die entscheidende Aussage dieses Textes sowie der Gleichnisse „Vom verlorenen Groschen“ und „Vom verlorenen Sohn“ habe ich bereits vorweggenommen: Niemand ist vor Gott und bei Gott verloren. Das gilt auch für verstorbene Menschen, die unseren Bemühungen entzogen sind. Wir kennen das Gerede über Menschen, die so verkommen sein sollen, dass sie angeblich verloren sind, Menschen mit denen wir uns z. T. auch schwer tun. Etwa kriminelle Mehrfachtäter, Prostituierte oder Sexualstraftäter. Das Evangelium weiß davon nichts. Vielmehr hören wir etwas von Gottes großer Freude über jeden und jede der oder die sich von ihm finden lässt. Die Zuwendung Gottes gilt jedem Menschen, niemand ist ihm gleichgültig.

Aber zu unserem Predigttext:

Es sind vor allem allerlei Zöllner und Sünder, die die Nähe Jesu suchen, die ihn hören möchten. Mag sein, dass Jesus mit seiner Verkündigung von der hereinbrechenden Herrschaft Gottes Sehnsüchte in ihnen ansprach und zum Schwingen brachte von einer heilen Welt, von einem gelingenden Leben. Wissend um das Dunkle und Unbefriedigende der eigenen Existenz. Zöllner galten damals als unrein und als Betrüger. Sie standen im Dienste der verhassten römischen Besatzungsmacht und hatten Umgang mit Heiden. Des Weiteren galten sie als notorische Betrüger, die ihre Landsleute übervorteilten. Der Ausdruck Sünder steht als Sammelbegriff für Menschen, die das jüdische Gesetz übertraten und missachteten. Doch ging es dabei nicht nur um einen Verstoß gegen die Bestimmungen des Gesetzes, sondern gegen den Willen Gottes. Sündigen heißt, Gottes Willen verletzen, sich von ihm abwenden um nach eigenen Maßstäben zu leben. Es bedeutet, Gott zu verlassen, um unabhängig von ihm zu sein, ja, sich - zumindest ein Stück weit - an seine Stelle zu setzen.

Jesu Verhalten, sein Umgang mit diesen verachteten Leuten trägt ihm den Unmut der Pharisäer und Schriftgelehrten ein. Nein, mit solchen Außenseitern, die es zu verurteilen gilt, gibt sich ein anständiger, ein ehrbarer Mensch nicht ab. Sie murrten, äußerten ihren Unmut und halten etwas sehr typisches für Jesus fest: Dieser nimmt die Sünder an und isst mit ihnen. D. h. er bejaht sie, grenzt sie nicht aus, verachtet sie keineswegs und hält die innigste Form der Gemeinschaft mit ihnen. Schriftgelehrte waren damals studierte Leute, die gleichermaßen als Theologen und Juristen agierten. Es gab nur ein Gesetz, nämlich das Gesetz Gottes, die Tora, die fünf Bücher Mose. Schriftgelehrte, so ihr Selbstverständnis, vermochten verbindlich festzulegen, was der Wille Gottes ist. Pharisäer waren Mitglieder einer religiösen, einer jüdischen Bruderschaft, die sich der Heiligung des Alltages verschrieben hatten. Pharisäer bedeutet so viel wie die „Abgesonderten". Zur peniblen Beachtung des Gesetzes und weiterer Gebote, die das Gesetz nicht vorsah - etwa zweimaliges Fasten in der Woche - kam die rigorose Absonderung von den Ungläubigen und Heiden, galt es doch, sich nicht zu verunreinigen.

An sie und ihren Unmut richtet sich Jesus mit seiner Frage und dem darin enthaltenen Gleichnis von dem „verlorenen Schaf". Wer geht nicht dem einen von hundert Schafen nach, das abhandengekommen ist? Jedes Schaf, auch das verirrte, zählt - und wir dürfen hinzufügen - vor Gott. Wer dieses eine Schaf mit allem Aufwand und vielen Mühen sucht, ist nicht nur sehr fürsorglich, sondern lässt sich auch zugunsten des einen Schafes auf Risiken ein, indem 99 Schafe vorübergehend sich selbst überlassen bleiben. Das Bild von unserem Gott als dem guten Hirten strahlt durch das Gleichnis hindurch, wie auch im Bild von der Bergung des einen Schafes. Der gute Hirte legt es fürsorglich auf die Schulter und ist voller Freude. An dieser Freude sollen schließlich die Nachbarn und Freunde teilhaben. Im Gleichnis von dem verlorenen Groschen ruft die Frau Freundinnen und Nachbarinnen zusammen um an ihrer Freude teilzuhaben; und im Gleichnis vom verlorenen Sohn wird vom Vater ein großes Fest ausgerichtet, damit möglichst viele Menschen seine Freude teilen und sich mitfreuen.

Unser Gleichnis endet mit Worten Jesu an die Schriftgelehrten und Pharisäer. „So wird auch Freude im Himmel sein über einen Sünder, der Buße tut, mehr als über neunundneunzig Gerechte, die der Buße nicht bedürfe.“

Es sei dahingestellt, ob es Menschen gibt, die der Buße nicht bedürfen. In jedem Falle kennt Gott Freude über jeden einzelnen, auch und besonders Sünder, der Buße leistet, was ja so viel bedeutet, wie Umkehr, Umkehr zu Gott. Niemand ist vor Gott verloren, niemanden schreibt Gott einfach ab, darin unterscheidet er sich nicht nur von Pharisäern und Schriftgelehrten, sondern von so vielen Menschen auch unserer Zeit und Umwelt, die anderen meinen, verurteilen zu müssen - das ist ja sehr weit verbreitet.

Wir dürfen, liebe Gemeinde, an einen Gott glauben, der uns annimmt so wie wir sind. Und wir dürfen darauf vertrauen, dass er uns nachgeht, fürsorglich und liebevoll. Was uns die Gleichnisse Jesu sagen ist nicht mehr und nicht weniger als das, was er gelebt und uns vorgelebt hat. AMEN.

Gottesdienst am 17.07.2011 / 4. Sonntag nach Trinitatis

Wochenspruch: „Einer trage des anderen Last, so werdet ihr das Gesetz Christi erfüllen.“ (Gal. 6,2)

Predigttext: 1. Mose 50, 15-21

Liebe Gemeinde,
der Höhepunkt unseres Predigttextes, ja der ganzen Josephsgeschichte, ist der eine resümierende Vers, den wir eben gehört haben: „Ihr gedachtet es böse mit mir zu machen, aber Gott gedachte es gut zu machen.“ (V. 20) Haben Sie, liebe Gemeinde, schon einmal ähnliche Erfahrungen gemacht wie Joseph? Menschen wollten Ihnen übel mitspielen und dennoch fügte sich alles, dank der Hilfe Gottes, zum Guten. Mehr noch, wer oder was bestimmt unseren Weg, unser Leben? Sind es Menschen, die uns schaden, ja schaden wollen, oder ist es der eine Gott Jesu Christi, der allmächtige Gott, den wir Woche für Woche mit den Worten des Glaubensbekenntnisses bekennen? Was trauen wir Gott eigentlich zu - auch im Blick auf unseren ganz persönlichen Lebensweg? Und was, liebe Gemeinde, erwarten wir z. B. vom Gebet? Hört Gott unsere Stimme aus den Stimmen so vieler Menschen heraus?
Besonders das Alte Testament bringt uns einen geschichtsmächtigen Gott nahe, der an seinem Volk und durch sein Volk Israel handelt und natürlich durch einzelne Menschen, von denen Joseph ein herausgehobener ist. D. h. der einzelne Mensch ist Gott nicht gleichgültig.
In abgewandelter Form begegnet uns der obige Vers mit seiner Mut machenden Aussage speziell im Alten Testament häufiger. Im Buch der Sprüche heißt es etwa: „Die Schritte des Mannes lenkt Jahwe, wie könnte der Mensch seinen Schritt verstehen?“ (Spr. 20, 24) oder: „Des Menschen Herz denkt sich einen Weg aus, aber Jahwe lenkt seinen Schritt.“ (Spr. 16, 9)

In der wunderbaren Führung der ganzen Geschichte, hat ja Gott schon selbst gesprochen; er hat auch die Schuld, das Böse der Brüder, in sein Heilshandeln mit einbezogen. Der Satz von dem bösen Planen der Brüder und dem guten Planen Gottes eröffnet das innerste Geheimnis der Josephsgeschichte. Auch da, wo es kein Mensch mehr annehmen kann, hat Gott alle Fäden in den Händen gehabt. Jedoch, diese Führung Gottes wird nur behauptet; es wird nichts Näheres darüber gesagt, in welcher Weise denn Gott auch das Böse in sein rettendes Handeln einbezogen hat. Die beiden Sätze „Ihr gedachtet es …" und „Gott gedachte es…" stehen sich letztlich doch auch wieder sehr spröde gegenüber. Für welche Sichtweise können wir uns entscheiden? Wo stehen wir? Ich möchte es noch einmal zugespitzt formulieren: Das neuzeitlich Ideal sieht spätestens seit der Aufklärung den Menschen als die handlungsmächtige Person der Geschichte, man bezeichnet diese Sichtweise auch als anthropozentrisch, oder Menschen zentriert. Für einen Gott bleibt dort kein Raum. Weder für Völker, noch für einzelne Menschen. Das biblische Geschichts- und Gottesbild, an dem wir als Christen festhalten, bekennt den geschichtsmächtigen Gott, der auch in das Leben des Einzelnen hineinzuwirken vermag. Ja, er wird selbst Mensch, kommt zu uns, um uns Menschen nahe zu sein, um an unserer Lebensform teilzuhaben.

Ich denke, liebe Gemeinde, es ist an dieser Stelle sinnvoll einen Blick in das Auf und Ab der Josephsgeschichte zu werfen. Josef war 17 Jahre alt und arbeitete als Hirte bei den Schafen zusammen mit seinen Brüdern. Er war wohl das, was wir heute als „Petze" bezeichnen würden. Sprachen die Brüder abfällig oder schlecht über den Vater, Jakob/Israel, und seine Frauen, Bilhas und Silpas, trug er es ihnen zu. Jakob hatte Joseph lieber als alle seine Söhne, deshalb machte er ihm einen bunten Rock. Als nun seine Brüder sahen, dass ihn der Vater lieber hatte als alle seine Brüder, wurden sie ihm Feind und konnten ihm kein freundliches Wort sagen. Joseph hat zwei Träume, die seine vermeintliche Sonderstellung gegenüber den Brüdern verdeutlichen. So träumte er, dass die Sonne, der Mond und elf Sterne sich vor ihm verneigen. Die Feindschaft der Brüder wächst und auch beim Vater stößt er auf Unverständnis und Ablehnung. Die Situation eskaliert, als die

Brüder mit Joseph allein auf der Weidefläche sind. Sie wollen ihn loswerden. Er kommt näher und sie verspotten ihn als den Träumer. Einige Brüder wollen Joseph töten, sein Bruder Ruben will ihn retten, schließlich wird er für 20 Silberstücke an eine Karawane aus Midian verkauft, die weiter nach Ägypten zieht. Dort erwirbt ihn Potifar, des Pharaos Kämmerer und Oberster der Leibwache, als Sklave. Joseph ist geschickt und intelligent und wird schließlich über das ganze Haus gesetzt. „Und der Herr war mit Josef, sodass er ein Mann wurde, dem alles glückte." Das Unglück kehrt zu Joseph zurück, als Potifars Frau ihn verführen will. Er lässt sich darauf nicht ein und wird von ihr denunziert. Potifar glaubt seiner Frau und lässt Joseph ins Gefängnis werfen. Im Gefängnis nützt ihm die Gabe, Träume nicht nur zu haben sondern auch auslegen zu können. Er legt die Träume zweier beim Pharao in Ungnade gefallener einst mächtiger Männer aus, des Mundschenks und des Bäckers. Zwei Jahre danach hat der Pharao Träume. Man erinnert sich an. Joseph und lässt ihn rufen, um diese Träume auszulegen. Sieben fette und schöne Kühe steigen aus den Fluten auf. Anschließend folgten sieben magere und hässliche Tiere, die die wohlgenährten Kühe auffressen. Nach der Deutung des Joseph stehen die sieben schönen Kühe für sieben fette Jahre, in denen der Boden reiche Früchte trägt. Hingegen stehen die sieben hässlichen Kühe für sieben magere, bzw. Dürrejahre, in denen die Felder keine Früchte tragen. „Die Rede gefiel dem Pharao und allen seinen Großen gut. Und der Pharao sprach zu seinen Großen: Wie könnten wir einen Mann finden, in dem der Geist Gottes ist wie in diesem...Du sollst über mein Haus sein, und deinem Wort soll all mein Volk gehorsam sein; allein um den königlichen Thron will ich höher sein als du." Joseph organisierte in den fetten Jahren den Bau von Vorratsspeichern und ließ sie mit Getreide und Lebensmitteln für die mageren Jahre füllen. Denn es trat ein, was der Pharao geträumt und Joseph vorhergesagt hatte. Eine Hungersnot trat auf und doch hatten die Ägypter genug zu essen. Mehr noch, Menschen aus den Nachbarländern kamen nach Ägypten, um Vorräte zu kaufen. So auch Josephs Brüder. Er gibt sich ihnen nicht zu erkennen. Es folgen weitere Verwicklungen, ehe sich Joseph seinen Brüdern zu erkennen gibt. Schließlich kommt Jakob nach Ägypten, wo er nach 16 Jahren verstirbt. Die Brüder haben nach dem Tode Jakobs Angst, Joseph könne sich an ihnen rächen. Die Brüder bitten um Vergebung, was Joseph zurückweist. Gott allein vermag zu vergeben! Steh ich denn an Gottes statt? Und am Ende folgen aus dem Munde Josephs Worte, die wir schon miteinander bedacht haben: „Ihr gedachtet es böse mit mir zu machen, aber Gott gedachte es gut zu machen" (V. 20).

Was wir hier in wenigen Zügen gehört haben, ist eine zunächst einmal sehr menschliche Geschichte, menschlich im Sinne von Fehlern und Defiziten, die irgendwie zu uns gehören und zum Tragen kommen. Der verwöhnte und eitle, ja selbst verliebte Joseph, der etwas Besseres sein will als seine Brüder und sich beim Vater einschmeichelt um mehr zu gelten. Jakob, der seine Söhne ungerecht behandelt und Joseph bevorzugt. Die zornigen Brüder, die sich nicht nur benachteiligt fühlen, sondern benachteiligt werden und sich dafür rächen. Der eifersüchtige Potifar, der einer Lüge aufsitzt und gegen Joseph ungerecht handelt. Die Träume, die Joseph Zuhause geschadet haben - auch wenn sie wahr wurden - nützen ihm in Ägypten. Gott spricht durch die Träume und er hat Joseph damit begabt, sie auszulegen. Diesem Umstand ist es zu verdanken, dass er in eine mächtige Stellung kam, die sowohl seiner Familie als auch dem aus ihr hervorgegangenen Gottesvolk Israel das Überleben sicherte. Gott erhält Joseph und das werdende Gottesvolk durch menschliches und allzu menschliches hindurch. Jedenfalls nicht durch Helden und sog. große Männer, die nur aus eigenen Kräften sowie reinen und hehren Motiven handeln.

Glauben, liebe Gemeinde, bedeutet vorrangig nicht, den geschichtlichen und sachlichen Wahrheitsgehalt einer Geschichte anzuerkennen, die in ihrem Kern auf die Zeit von vor 1000 v. Chr. zurückgeht. Das wäre eine rein rückblickende Orientierung. Glauben bedeutet vielmehr, Aussagen der Bibel anzunehmen, sich in ihnen heute wieder zu finden und nach ihrer inneren Wahrheit zu leben.

„Ihr gedachtet es böse mit mir zu machen, aber Gott gedachte es gut zu machen." Ich glaube sehr, dass es sich lohnt, liebe Gemeinde, dieser Aussage im Blick auf das eigene Leben nachzugehen. In vielen Gesprächen mit älteren und alten Menschen höre ich dieses Resümee oft heraus. Auch und besonders bei Menschen, die Krieg, Flucht und Vertreibung haben erleben müssen; später viel Arbeit, die Erziehung der Kinder bei oft nur bescheidenem Wohlstand- wenn überhaupt. Ich denke an Geburtstagsbesuche, Gespräche aus Anlass einer Goldenen Hochzeit oder einer Beerdigung. In den Rückblick mischt sich oft eine tiefe Zufriedenheit; das Empfinden im Leben geführt worden zu sein, ja Segen gespürt zu haben bei allem Schweren, das es zu bewältigen galt.

Zugleich gibt es Menschen, die vergleichbare Erlebnisse völlig unterschiedlich verarbeiten und mit Bitterkeit auf ihren Lebensweg zurückschauen. Um es zugespitzt auszudrücken: Kriegserlebnisse (Kämpfe, Flucht, Gefangenschaft) können bei dem einen zum Glauben führen, und zwar aus der Gewissheit heraus, dass Gott geholfen hat. Bei einem Anderen können sie das Gegenteil bewirken, nämlich Unglauben aus der Überzeugung, oder der klagenden Annahme, dass Gott so viele unschuldige Opfer zugelassen hat.

Das Resümee des Joseph lässt sich jedenfalls nicht anordnen oder mit Argumenten zwingend beweisen.

Es kommt auf uns an und die Offenheit, Gottes Wirken und seinen Segen auch zu entdecken. Schließen wir seine Gegenwart und sein wirkungsmächtiges Handeln aus, können wir von ihm nichts erwarten; auch wenn wir gutes empfangen, können wir das Gott nicht zuordnen und er bleibt uns verschlossen.

Doch teilt sich Gott uns mit. Ich denke an Menschen, die uns lieben, die unser Leben reich machen, ob als Freundinnen und Freunde, ob als Ehepartner. Oder ich denke an Menschen, an Mütter und Väter, an Freundinnen und Freunde die uns Wegbegleiter in der Kindheit und Jugend gewesen sind. Es gibt Menschen die uns geholfen haben über schwere Krisen hinwegzukommen, die uns getragen haben. Sage keiner, das sei doch selbstverständlich. Zeit zu schenken, Zuwendung zu geben und zu lieben, sind Geschenke. Besonders Liebe ist ein Geschenk, das man nicht machen kann, das man nicht einklagen kann, es ist immer eine Gabe Gottes. Wir verdanken uns nicht uns selbst. Wir haben uns nicht geschaffen. Irgendwann haben wir uns vorgefunden Von Anfang an hat jeder von uns von

Voraussetzungen gelebt, die er nicht geschaffen hat. Daneben verdanken wir uns der Fürsorge anderer, oder genauer, der Fürsorge Gottes. Diese erbitten wir in jedem Gottesdienst und zwar in Form des Segens. Das Wort kommt vom lat. signum, was so viel bedeutet wie Zeichen. Wir segnen mit dem Zeichen des Kreuzes, dem Zeichen Christi, weil wir darauf vertrauen, dass er mit uns durch die Woche geht - und nicht nur durch die Woche, sondern durch alle Tage. Wir gehen, liebe Gemeinde, nicht alleine, sowenig wie Jakob, denn er geht mit uns, auch durch die Dunkelheit, die der Alltag für uns bereithält. Ich wünsche uns allen die spürbare Nähe Christ, so dass auch wir sagen können: Ihr gedachtet es böse mit mir zu machen, aber Gott gedachte es gut zu machen. AMEN.

Gottesdienst am 31.07.2011 / 6. Sonntag nach Trinitatis

Wochenspruch: „So spricht der Herr, der dich geschaffen hat: Fürchte dich nicht, denn ich habe dich erlöst; ich habe dich bei deinem Namen gerufen; du bist mein.“ (Jes. 43,1)

Predigttext: 5. Mose 7,6- 12

Liebe Gemeinde,
der heutige sechste Sonntag nach Trinitatis steht unter dem Thema „Taufe“. Im Rahmen der Lesungen haben wir den sog. Taufbefehl Jesu aus Mt. 28 gehört sowie einen grundlegenden Text aus dem Römerbrief des Paulus zum Verständnis der Taufe. Durch diesen Tag und die kommende Woche begleitet uns ein Wort, aus dem Buch des Propheten Jesaja, das bei Taufen, auch in dieser Gemeinde, sehr oft gesprochen wird: „So spricht der Herr, der dich geschaffen hat. Fürchte dich nicht, denn ich habe dich erlöst; ich habe dich bei deinem Namen gerufen, du bist mein.“ (Jes. 43, 1)
Leider können wir heute im Rahmen dieses Gottesdienstes in Ermangelung von Täuflingen keine Taufe feiern. Aber vielleicht, liebe Gemeinde, ist dieser Umstand auch gar nicht so tragisch; denn so wird vielleicht deutlicher und bewusster, das Texte sowie Gedanken zur Taufe nicht nur in eine Taufhandlung gehören. Die Bedeutung der Taufe geht über den Taufakt hinaus. Sie hat auch in unserem Leben einen Platz und einen Ort. Wir alle als Getaufte sollten und dürfen uns immer wieder bewusst machen, wer wir durch die Taufe sind. Wir dürfen uns von der Taufe her verstehen. Dabei spielt es keine Rolle, wie lange unsere Taufe zurückliegt. Die Besinnung auf die Taufe hat immer mit unserer Identität zu tun. D. h. mit der Frage, wer wir sind, aber auch, zu wem wir gehören, auf wen wir uns verlassen können, wer uns trägt, wer uns annimmt, wer Grund und Ziel unseres Lebens ist und wo die Grenzen unserer Kraft liegen. Es geht um das, was

allgemein hin als existentielle Frage bezeichnet wird, oder theologisch formuliert, es geht um die Frage nach Gott und worum es beim Glauben im Innersten geht. Antworten darauf finden wir zugespitzt in der Bedeutung der Taufe, die ein einmaliger Vorgang ist und deren Geltung unverlierbar bleibt, sie ist nicht wiederholbar.

Aber der Reihe nach. Als evangelische Christen kennen wir zwei Sakramente. Nämlich Taufe und Abendmahl. Nach Martin Luther wird ein Sakrament durch zweierlei konstituiert. Zum einen durch ein Wort Jesu - eben den Taufbefehl, den wir als Evangeliums Lesung gehört haben oder die Einsetzungsworte, die nachher im Rahmen der Abendmahlsfeier gesprochen werden. Zum anderen durch ein „Ding“ wie Luther sagen kann, etwas Materielles, eben Wasser für die Taufe sowie Brot und Wein für die Feier das Abendmahls. Beides geht auf Jesus zurück, lässt sich aus seinem Leben herleiten, in ihm verankern und begründen, und in beidem schenkt er sich selbst. Anders als bei der Taufe, sind der Teilnahme am Abendmahl keine Grenzen gesetzt.

Die Taufe ist etwas Einmaliges in eines Menschen Leben und zugleich empfinden wir vielleicht die große Diskrepanz zwischen dem schlichten aber feierlichen Vorgang, der im Regelfall an einem kleinen Säugling vollzogen wird und ihrer bereits angesprochenen großen Bedeutung. Das Taufwasser und das Licht der Taufkerze symbolisieren das Leben und den Wunsch nach tragenden und bergenden Kräften für das Kind. Ohne Wasser und Licht ist Leben nicht vorstellbar.

Zum einen das kleine hilflose Kind, das nur sehr bedingt in der Lage ist, seine Bedürfnisse zu äußern. Auf der anderen Seite steht die Zuwendung, ja der Zuspruch durch Worte der Heiligen Schrift und die Anwendung von Symbolen, die auf Christus hinweisen, ja mehr noch, die für ihn stehen.

Ich glaube, liebe Gemeinde, dass jeder und jede von uns diese Diskrepanz schon einmal empfunden hat. Ein Säugling, bzw. ein Kleinkind wird durch die Taufe in die Kirche aufgenommen ohne zu wissen, was mit ihm passiert Es geht nicht um die Mitgliedschaft in einen Verein, die nur einen Teil unseres Freizeitverhaltens

bestimmt. Er wird eingegliedert in den Leib Christi, er wird Christ, er gehört zu Christus ohne sich dazu geäußert zu haben. Das bedeutet, dass der Christus die bestimmende Kraft und Macht im eigenen Leben und darüber hinaus sein soll. Ein Kind, so sagen Kritiker dieser Praxis - und das sind nicht wenige -, solle sich selbst entscheiden, ob es zur Kirche und zu Christus gehören will oder nicht. Es soll sich später einmal selbst entscheiden. Auch wir, liebe Gemeinde entscheiden uns im Leben täglich für so vieles und haben uns für so vieles entschieden. Dieses Selbstbild gehört zu uns als mündige Menschen in einer offenen und demokratischen Gesellschaft. Ob das mit der Freiheit der Wahl, der eigenen Entscheidung immer stimmt, sei dahingestellt, weil wir ja sehr wohl auch Manipulationen, Beeinflussungen ausgesetzt sind. Die freie Entscheidung, oder sog. freie Entscheidung, beginnt beim Einkaufen, bei dem was wir anziehen, der Berufswahl, der Freizeitgestaltung, dem Wahlverhalten, bei der Partnersuche und nicht zuletzt dabei, welchen glauben wir haben oder welches politische Weltbild wir unser eigen nennen usw. usw. – so das Idealbild.
In der Taufe geht es um den gegenläufigen Weg. Gott handelt an dem Täufling. Gott hat an uns gehandelt. Gott sagt zu uns Ja, ohne Einschränkung unabhängig von dem was wir in der Gesellschaft darstellen oder zu sein scheinen. Gott nimmt uns so an wie wir sind. Wir müssen uns unseren Wert vor Gott nicht verdienen bzw. erarbeiten. Ganz wunderbar kommt dieser Gedanke, oder besser, diese Wirklichkeit in einem Vers unseres Predigttextes zum Ausdruck: „Nicht hat euch der Herr angenommen und euch erwählt, weil ihr größer wäret als alle Völker-denn du bist das kleinste unter allen Völkern -, sondern weil er euch geliebt hat.“ Zugegeben, es geht in diesem alttestamentlichen Text nicht um die Taufe - kann es ja auch gar nicht. Aber es geht um Gottes Maßstäbe und ein sehr wichtiges Motiv seines Handelns, ja, das zentrale Motiv überhaupt, nämlich die Liebe. Er erwählt nicht nach Leistung, Ansehen, Bildung und Macht, da hat es in der Antike wahrlich andere Völker als Israel gegeben. Er erwählte den Hirten David zum König, den jüngsten der Familie. Einfache ungebildete Bauern machte er zu seinen Propheten, zu seinen Boten. Sein Sohn wurde in einem verlassenen Nest

geboren, in Nazareth, als Sohn eines einfachen Zimmermanns und einer einfachen Frau. Gott erwählte keine Helden, sondern Menschen, deren Schwächen benannt werden(Jakob, Joseph, David, Paulus) Diese Aufzählung ließe sich fast beliebig fortsetzen. Das kleine Israel, das menschlich allzu menschliche seines Volkes und deren Repräsentanten und auf der anderen Seite, die Treue Gottes gegenüber seinem Volk, das Festhalten an seinem Bund. Oder um es mit den Worten des Predigttextes zu sagen: „So sollst du nun wissen, dass der Herr, dein Gott, allein Gott ist, der treue Gott, der den Bund und die Barmherzigkeit bis ins tausendste Glied hält denen, die ihn lieben und seine Gebote halten."

Der treue und barmherzige Gott! Dass liebe Gemeinde ist die Kontinuität zwischen dem Alten und dem Neuen Testament. Der Gott Jesu Christi ist auch der Gott Abrahams, Isaaks und Jakobs. Die oft zitierte Unterscheidung zwischen dem zornigen Gott des Alten Testaments und dem Gott der Liebe im Neuen Testament, ist im Grunde genommen unbiblisch. Was für das Volk Israel galt und gilt, hat Gültigkeit auch im Individuellen, im Persönlichen - auch mit Blick auf die Taufe. Gott erwählt uns. Das kommt insbesondere in der Säuglingstaufe oder der Taufe eines Kleinkindes sehr schön zum Ausdruck. Bevor eine Entscheidung des Täuflings möglich ist, hat Gott sich bereits entschieden. Das Ja Gottes zu uns geht unserem Ja zu Gott voraus. Natürlich sollen und können wir uns für Gott entscheiden aber dabei dürfen wir nie vergessen, dass Gottes Ja zu uns davon nicht abhängig ist.

Es geht bei der Frage nach der Bedeutung der Taufe auch um die Frage nach dem Menschenbild. Gott nimmt in der Taufe jeden Menschen als sein Kind an. Unabhängig vom Alter, vom Geschlecht, von der Hautfarbe, der Nationalität, der Bildung, dem sozialen Status, akademischen Graden oder den Einkommens- und Vermögensverhältnissen. Vor Gott sind alle Menschen gleich. Wir, liebe Gemeinde, sind es bewusst oder unbewusst gewohnt, den Wert von Menschen an den genannten Faktoren, besonders an Einkommensverhältnissen, festzumachen. Vermeintlich wichtige Leute wie Manager und Politiker verdienen viel Geld und die anderen eben sehr viel weniger. Zugleich wissen wir, wie fragwürdig diese

Einteilung ist. Müssen etwa Fußballspieler Millionen verdienen? Es gibt Transfersummen von bis zu 100 Mio. € für einen einzigen Spieler! Zugleich wissen wir darum, dass z. B. Beschäftigte in der Alten- und Krankenpflege völlig unterbezahlt sind. Ist Fußballspielen wichtiger als die Pflege kranker oder alter Menschen? Was ist zum Leben in unserer Gesellschaft, in unserer Stadt wichtiger? Und es gibt Beschäftigte in Vollzeitarbeit, die bei einem Stundenlohn von 3,00-4,00 € von ihrer Hände Arbeit im Grunde genommen nicht einmal leben können. Wie bewertet man den Wert einer Tätigkeit? Wie und nach welchen Maßstäben bewertet man den Wert von Menschen? Können wir das überhaupt? Ich glaube, liebe Gemeinde, dass das Medium Geld nicht nur ein schlechter Ratgeber ist bei der Bewertung von Tätigkeiten, sondern sehr einseitigen und willkürlichen Wertmaßstäben folgt.

Wir leben in einer Leistungsgesellschaft. Menschen versuchen sich Anerkennung und ihren Wert zu erarbeiten, zu verdienen. Doch wir sind mehr als das, was wir leisten. Wir gehen nicht in dem auf, was wir können und in der Gesellschaft darstellen. Die Taufe besagt, dass wir alle vor Gott einen unendlichen Wert haben, egal ob Säugling oder Minister, egal ob pflegebedürftige alte Frau oder Topmanager, egal ob geistig behindertes Kind oder Wissenschaftler. Denn was uns so wertvoll macht, liebe Gemeinde, gründet sich allein darauf, dass Gott uns wert erachtet und liebt.

In den Anfechtungen und Selbstzweifeln des zur Schwermut neigenden Martin Luther war es für ihn immer ein großer Trost zu wissen, dass er getauft war. Mitunter schrieb er das viele Male vor sich hin. Es gab Momente an denen er an sich selbst zweifelte. Konnte er, Martin Luther, Recht haben gegen Päpste, Konzilien ja, gegen die mächtige Katholische Kirche? Konnten sie sich alle irren nur er nicht? Er wurde unter Bann gestellt und an Leib und Leben bedroht. Besonders in solchen Momenten war es für ihn sehr hilfreich an die Taufe zu denken. Wusste er doch, dass Gott ihn liebte und so annahm wie er war - trotz aller Anfeindungen. Durch die Taufe wissen auch wir, liebe Gemeinde, wer wir sind, nämlich Gottes geliebte Kinder, an denen er festhält. AMEN.

Gottesdienst am Sonntag, d. 24.08.2014 / 10. Sonntag nach Trinitatis (Israelsonntag)

Wochenspruch: „Wohl dem Volk, dessen Gott der Herr ist, dem Volk, das er zum Erbe erwählt hat.“ (Ps. 33,12)

Predigttext: Römerbrief 11,25-32

Liebe Gemeinde,
der heutige 10. Sonntag nach Trinitatis wird in der evangelischen Kirche u. a. als „Israelsonntag“ bezeichnet. Ursprünglich stand an diesem Tag die Erinnerung an die Zerstörung des Jerusalemer Tempels im Jahre 70 n. Chr. im Mittelpunkt der Besinnung. Der 10. Sonntag nach Trinitatis, der in der Regel in die 2. Augusthälfte fällt, steht somit in zeitlicher Nähe zum 9. Aw, an dem die jüdische Gemeinschaft dieser Katastrophe gedenkt, nämlich an den Verlust des zentralen Heiligtums, von dem lediglich alte Grundmauern und die berühmte „Klagemauer“ übriggeblieben sind. Auf dem Tempelberg thront heute der weithin sichtbare Felsendom, eines der wichtigsten Heiligtümer des Islam.
Die Zerstörung des Tempels unter dem römischen Kaiser Titus markiert den Anfang vom Ende eines eigenen, jüdischen Staatswesens, das mit der Vertreibung der Juden unter Kaiser Hadrian im Jahre 135 zum Abschluss kam. Mehr noch, die Zerstörung des Tempels, berührte die Identität, das Selbstverständnis Israels als Glaubensgemeinschaft, als Volk Gottes.
Erst im Jahre 1948, am 14. Mai, oder nach jüdischer Zeitrechnung: am 5. Ijjar des Jahres 5708, kam es erneut zur Staatsgründung Israels. Fast 2000 Jahre lebten die Juden ohne eigenes Land, verstreut, in der Diaspora. In diesem langen Zeitraum gab es immer Juden auch im Heiligen Land, jedoch ohne den Schutz eines eigenen Staates, unter wechselnder Herrschaft und zumeist unterdrückt.
Die Zerstörung des Jerusalemer Tempels spielt in der Verkündigung Jesu und im

Leben der Urgemeinde eine wichtige Rolle. Wir kennen die prophetischen Worte Jesu, die das Ende des Tempels ankündigen. Und, liebe Gemeinde, wir kennen den Vorwurf seiner Ankläger im Rahmen der Passionsgeschichte: „Wir haben gehört, dass er gesagt hat: Ich will diesen Tempel, der mit Händen gemacht ist, abbrechen und in drei Tagen einen anderen bauen, der nicht mit Händen gemacht ist.“ (Mk. 14,58) Diese Aussage spielt auch im Verhör des Stephanus, des ersten christlichen Märtyrers eine wichtige Rolle. Für die christliche Gemeinde schließlich besaß der Jerusalemer Tempel mit seinen Tieropfern keine zentrale Bedeutung. Paulus kann schreiben: „Wisst ihr nicht, dass euer Leib ein Tempel des Heiligen Geistes ist und den ihr von Gott habt, und dass ihr nicht euch selbst gehört.“ (1. Kor. 6,19) Paulus entwirft im Grunde genommen ein Gegenmodell zum Tempel in Jerusalem, dessen Zerstörung er ebenso wenig selbst erlebte wie Jesus.

Eine Schilderung aus dem Jahre 1929 macht am Beispiel evangelischer Gemeinden in der Oberlausitz deutlich, wie der 10. Sonntag nach Trinitatis/Tag der Zerstörung des Tempels in Jerusalem über Jahrhunderte begriffen wurde. Die Gemeinde, die sich an diesem Sonntag zum Gottesdienst versammelte, trug Trauerkleider, und der Kirchenraum war von Schwarz als liturgischer Farbe bestimmt wie am Karfreitag(Buß- bzw. - Totensonntag). In dieser Kleidung aber drückte sich auch der Gedanke aus, dass das Volk Israel von Gott verworfen sei.

Das ist ein Gedanke, liebe Gemeinde, der über Jahrhunderte das christliche Bild vom Judentum bestimmt hat. Mit grausamen Konsequenzen, wie wir alle wissen. Er hat zur Entfremdung zwischen Judentum und Christentum, Synagoge und Kirche geführt.

Ein Tag wie dieser, ein Gottesdienst wie der, den wir heute feiern, dient im Idealfall der Besinnung auf das Verhältnis zwischen Christen und Juden. Der „Israelsonntag“ trägt somit auch „Bußcharakter“ im Sinne von Umkehr, denn das ist mit Buße ja gemeint. Das Überdenken des eigenen Standpunktes.

Am Beispiel von drei namhaften Vertretern des christlichen Glaubens möchte ich veranschaulichen, wie entwertend und auch verächtlich der jüdische Glaube und das Judentum im Verlaufe der Kirchengeschichte und darüber hinaus in der Gesellschaft gesehen wurde.

In seinem ersten erhaltenen Brief (Thessanlonicherbrief) schreibt der Apostel Paulus über die Juden: „Die haben den Herrn Jesus getötet und die Propheten und haben uns verfolgt und gefallen Gott nicht und sind allen Menschen feind, indem sie, um das Maß ihrer Sünden allewege voll zu machen, uns wehren, den Heiden zu predigen zu ihrem Heil. Aber der Zorn Gottes ist schon in vollem Maß über sie gekommen."(1. Thess. 2,15.16) Wir hören von den Juden als den „Christusmördern", die Gott nicht gefallen, von ihm verworfen und aller Menschen Feind sind.

Das sind Aussagen, liebe Gemeinde, die in der Geschichte durchaus nachgewirkt haben.

Im 2. Jh. n. Chr. trat in Rom ein gewisser Marcion auf. Ein bekennender Christ und sehr wohlhabender Reeder aus Sinope am Schwarzen Meer. Er lehrte, dass der Gott Jesu Christi nicht mit dem Gott des AT identisch sei. Ja, bei dem Gott des AT, dem Gott der Juden handele es sich im Grunde genommen gar nicht um einen Gott, vielmehr um ein minderwertiges Wesen, einen Demiurgen nach dem Sprachgebrauch des Philosophen Platon, d. h. einem „Handwerker" der die unvollkommene und fehlerhafte Welt geschaffen habe. Dieser Demiurg steht für Eifer, Rache und Gewalt. Marcion versuchte sowohl das AT aus dem Kanon der Bibel zu entfernen als auch alle Textstellen des NT, die Bezüge zum AT aufweisen. Wer von uns, liebe Gemeinde kennt nicht das beliebte aber schon reichlich in die Jahre gekommene Vorurteil, dass im AT von einem eifernden Rachegott die Rede ist, der vor Gewalt nicht zurückschreckt, und im NT vom Gott der Liebe. Mit dem Doppelgebot der Gottes- und Nächstenliebe, das wir heute gehört haben, schafft Jesus keinen neuen Gedanken, geschweige denn ein neues Gottesbild, vielmehr verknüpft er zwei alttestamentliche Verse miteinander.

Jesus war ein Jude. Er lebte mit und in der alttestamentlichen Glaubens- und Gedankenwelt und sein Gott war kein anderer als der Gott Abrahams, Isaaks und Jakobs, den das AT bezeugt.

Ein drittes Beispiel für die Verachtung des Judentums auch in der evangelischen Kirche liefert leider kein Geringerer als Martin Luther. 1523 erwartete er angesichts des Umstandes, dass das NT - nicht zuletzt durch seine Übersetzung - breiten Bevölkerungsschichten zugänglich gemacht wurde, „das aus Juden viel rechte Christen werden." Diese Erwartung, dass die Juden Jesus als den Christus, den Messias, den Gottessohn anerkennen, wurde jedoch enttäuscht. In den Folgejahren wuchs in ihm ein regelrechter Hass auf die Juden. So setzte er sich bei der protestantischen Obrigkeit für die Vertreibung von Juden ein. 1543 formulierte er unfassbare Worte: „dass man ihre Synagoga oder Schule mit Feuer anstecke und, was nicht verbrennen will, mit Erde überhäufe und beschütte, dass kein Mensch einen Stein oder Schlacke davon sehen will."

Das ist ein Aufruf zu einem Schwerverbrechen, einem Pogrom, und das aus der Feder des Mannes, nach dem wir unsere Kirche benennen. Zugleich spiegeln diese Worte den Geist einer Zeit wider, in der Juden auch aus vermeintlich theologischen Gründen ausgegrenzt wurden. In der stolzen Geschichte auch unserer Stadt gab es Zeiten, in denen Juden keine ehrbaren Berufe ausüben durften. Sie konnten weder als Handwerker arbeiten noch als Kaufleute tätig sein. Der Zutritt zu Gilden und Zünften war ihnen verwehrt. Juden mussten sich als solche kenntlich machen, lebten in eigenen Vierteln, in Ghettos, zahlten besondere Steuern und durften sich als gesellschaftlich ausgegrenzte „Christusmörder" etwa am Karfreitag, aber auch anlässlich weiterer christlicher Feiertage nicht auf der Straße blicken lassen.

Unser Predigttext, liebe Gemeinde, setzt zu alledem einen Kontrapunkt. Der Apostel Paulus ist für uns ein Vorbild, weil er sich unüberhörbar als lernfähig erweist. Die Worte des Römerbriefes haben nichts mehr gemeinsam mit seinen Tiraden aus dem 1. Thessalonicherbrief. Zwischen beiden Briefen liegen nicht nur Jahre, sondern Welten. Paulus klärt die Gemeinde zu Rom, eine christliche Gemeinde aus ehemaligen Heiden und Juden, über ein Geheimnis auf. Die Ablehnung Jesu als des Christus durch die Juden hat einen festen Platz in Gottes Heilsplan: „Verstockung ist einem Teil Israels widerfahren, so lange bis die Fülle der Heiden zum Heil gelangt ist." (Röm. 1,25). Israels Ungehorsam hatte zur Folge, dass das Evangelium zu den Heiden kam. Gleichwohl haben die Juden Anteil am Heil. Ganz Israel wird gerettet werden. Sie bleiben das Volk Gottes, das Gott sich erwählt hat. Sie sind und bleiben Abrahams Same. Keine Rede kann nach Paulus davon sein, das Israel verworfen wird. Aber ihr Heilsweg ist ein anderer als der von uns Christen. Die Stellung der Juden in der Welt und zu uns Christen ist nicht abhängig von unserer Meinung, von unserer Sichtweise, von unseren Vorurteilen und im Grunde genommen auch nicht von unserer Theologie, denn Gott selbst spricht das entscheidende und bestimmende Wort. Sie sind Erwählte. Wichtiger noch: von ihm erwählte. Die Juden sind Geliebte um der Väter, der Erzväter, willen, die Gott berufen und mit denen er einen Bund geschlossen hat: Abraham, Isaak, Jakob. „Denn Gottes Gaben und Berufung können ihn nicht gereuen." (Röm. 11,29)

Das Heil Israels liegt in Gottes Zusagen und in seiner Treue begründet und in nichts anderem.

Ungehorsam gegenüber Gott ist kein Alleinstellungsmerkmal von Juden. Christen wie Juden verbindet hingegen immer wieder der Mangel an Treue gegenüber unserem gemeinsamen Gott. Das haben Juden und Christen gemeinsam. Diesen Mangel an Treue und Glauben bezeichnen wir als Sünde und gemeint ist nicht mehr und nicht weniger als die Entfernung von Gott. Sünde bedeutet, grob formuliert, dass wir Gott nicht Gott sein lassen, dass wir in unserem Leben anderen Mächte, anderen Einflüssen größere Bedeutung beimessen als ihm und gegen das 1. Gebot handeln: „Ich bin der Herr dein Gott, du sollst keine anderen Götter neben mir haben."

Wer Gott dem Vater die Ehre gibt, der kann die jüdischen Geschwister und Verwandten nicht verachten.

Die wirklich stehende und bleibende Größe im Leben und Glauben von Juden und Christen ist nicht die äußere Religionszugehörigkeit, sind nicht die Etiketten und Schlagworte, nach denen wir uns bezeichnen. Wirklich entscheidend ist Gottes Erbarmen, mit dem er uns alle umfängt.

Paulus weiß im Brief an die Gemeinde in Rom nichts von einer Höher - oder Minderwertigkeit von Juden oder Christen. Das ist überhaupt nicht sein Thema. Er weiß um die Schuld beider, gegenüber Gott und den Mitmenschen. Juden sind keine besseren oder schlechteren Menschen als wir. Und wir sind nicht bessere oder schlechtere Menschen als die Juden. Das Erbarmen Gottes hat das letzte Wort. AMEN

Gottesdienst am So., d. 16.09.2012 / 15. Sonntag nach Trinitatis

Wochenspruch: „Alle Sorge werft auf ihn, denn er sorgt für euch.“ (1. Petrus 5,5c-11)

Predigttext: Galaterbrief 5,25 – 26; 6,1 – 3. 7 - 10)

Liebe Gemeinde,
über diesem Sonntag und der kommenden Woche stehen die Worte aus dem 1. Petrusbrief: „Alle Sorge werft auf ihn, denn er sorgt für euch.“ Des Weiteren haben wir, liebe Gemeinde, in der Evangeliumslesung Worte Jesu gehört, die das Gemeinte mit anderen Worten wiedergeben und durch Bilder verstärken: „Sorgt nicht um euer Leben, was ihr essen und trinken werdet…Seht die Vögel unter dem Himmel an: sie säen nicht, sie ernten nicht, sie sammeln nicht in die Scheunen: und euer himmlischer Vater ernährt sie doch…Und warum sorgt ihr euch um die Kleidung? Schaut die Lilien auf dem Felde an, wie sie wachsen: sie arbeiten nicht, auch spinnen sie nicht…Euer himmlischer Vater weiß, dass ihr all dessen bedürft.“ (Mt. 6 i. A.)
Wer von uns, liebe Gemeinde, sehnt sich nicht nach einem sorglosen Leben. Mehr noch, nach einem Leben, und das sind der Weg und die Voraussetzung dafür, in dem wir Gott unser Leben, unser ganzes Leben, anvertrauen können. Dieses Vertrauen zu Gott und die dazugehörige Sorglosigkeit bezeichnen wir als Glauben. Glaube bedeutet, dass wir mit allem was uns bewegt und bedrückt und scheinbar erdrückt, zu ihm kommen können um es ihm zu übergeben. Bei Gott sind wir mit unseren Anliegen gut aufgehoben. Im Glauben dürfen wir darauf vertrauen, dass er nichts unerhört lässt, was wir vor ihn gebracht haben. Er wird antworten, vielleicht nicht immer so, wie wir, liebe Gemeinde, uns das vorstellen, aber er wird antworten. Sorgen abzugeben, sie vertrauensvoll in Gottes Hand zu legen bedeutet zumindest zweierlei, nämlich das Eingeständnis eigener Grenzen

und Kräfte sowie die Anerkennung eines gnädigen, guten und zugewandten Gottes; eines Gottes, der mit uns Menschen fühlt, uns in Sorgen und Nöten zu verstehen vermag. Gott ist in Christus Mensch geworden um uns nahe zu sein. Er wurde einer von uns und sieht uns mit gütigen Augen an.

Unser Predigttext, liebe Gemeinde, steht im Zusammenhang der Auseinandersetzung des Paulus mit sog. Judaisten in Galatien, dem Gebiet der heutigen Zentraltürkei. Christliches Denken und Leben innerhalb der Gemeinden war bereits um 50 n. Chr. bunt und vielfältig, oft auch konflikt- und spannungsreich. Die Judaisten waren zum Christentum konvertierte, übergetretene Juden, die an der Beschneidung und vor allem am Gesetz als Heilsweg festhielten. Die exakte Befolgung nicht nur der zehn Geboten, sondern auch der 613 Gebote der 5 Bücher Mose, der sog. Thora, galt als entscheidend, ja als Voraussetzung für das Heil. Paulus vertrat hingegen die Ansicht, dass sich in dieser Haltung ein Leistungsdenken ausspricht, das im Kern Selbstgerechtigkeit beinhaltet und den Weg der Selbsterlösung weist. Wozu ist Christus gekommen, wozu hat er in dieser Welt gelitten bis hin zum Kreuz, wenn der Mensch sich letztlich durch eigenes Handeln, durch eigene Anstrengungen, durch eigene Leistungen vor Gott Gerechtigkeit zu verschaffen sucht. Im Brief an die Gemeinde zu Philippi listet der Apostel Paulus all seine Vorzüge auf, die er als Jude im damaligen Judentum vor seiner Bekehrung zum Christentum, vor Damaskus, besaß. Nein, er will sich nicht mehr auf das, wie er sagt, „Fleisch“, verlassen „obwohl ich mich auch des Fleisches rühmen könnte. Wenn ein anderer meint, er könne sich auf Fleisch verlassen, so könnte ich es viel mehr…“ es folgt eine Aufzählung all seiner Vorzüge, die er nach seiner Herkunft besitzt und der Text endet mit den Worten „...nach dem Gesetz ein Pharisäer, nach dem Eifer ein Verfolger der Gemeinde, nach der Gerechtigkeit, die das Gesetz fordert, untadelig gewesen. Aber was mir Gewinn war, das habe ich um Christi willen für Schaden erachtet.“ (Phil. 3,4-7) Paulus möchte sich nicht vor Gott „rühmen“ und mit Leistungen beeindrucken. Wir müssen uns unseren Wert und unser Heil vor Gott nicht verdienen und erarbeiten. Als Getaufte, als Menschen die zu ihm gehören,

sind wir ihm recht. An einer anderen Stelle des Galaterbriefes schreibt der Apostel Paulus: „Denn ihr seid alle durch den Glauben Gottes Kinder in Christus Jesus. Denn ihr alle, die ihr auf Christus getauft seid, habt Christus angezogen. Hier ist nicht Jude noch Grieche, hier ist nicht Sklave noch Freier, hier ist nicht Mann noch Frau; denn ihr seid allesamt einer in Christus Jesus.“ (Gal. 3, 26-28)
Unsere Zugehörigkeit zu Gott ist letztlich abhängig von Taufe und Glaube. Wobei der Glaube auch immer Antwort auf die Anrede Gottes durch sein Wort ist. Besonders durch das eine Wort, das Jesus Christus ist. Wir glauben nicht irgendwie und irgendetwas, sondern wir glauben an den lebendigen Gott der sich uns durch Worte der Hl. Schrift mitteilt und zeigt - vor langer Zeit aber auch heute. Wir nennen das „Offenbarung“, Selbstmitteilung Gottes. Und schließlich, liebe Gemeinde, ist von der Zugehörigkeit zu Gott, der Zugehörigkeit zu Christus niemand ausgenommen oder ausgeschlossen, egal welcher Nationalität wir sind, egal ob Mann oder Frau, egal welchem sozialen Stand wir zugeordnet werden.
Für den Apostel Paulus hat all das Konsequenzen. Es soll unser Leben beeinflussen und bestimmen. Wir sollen unseren Glauben leben, nicht nur mit Worten. Und schließlich ist es an uns mit unserem Handeln zu bekennen, dass wir zum Leib Christi gehören. Wir sollen die sein, die wir sind. Wir sollen uns als die erweisen, die wir durch den Glauben sind. Der Apostel Paulus schreibt: „Wenn wir im Geiste leben, so lasst uns auch im Geist wandeln.“ (Gal. 5,25) Es geht darum, liebe Gemeinde, im Geiste Jesu Christi, in seiner Nachfolge zu leben und zu handeln. „Denn welche der Geist Gottes treibt, die sind Gottes Kinder“, schreibt Paulus im Römerbrief (Röm. 8, 14); oder: „Der Herr ist der Geist; wo aber der Geist des Herrn ist, da ist Freiheit.“ (2. Kor. 3, 17) Und man kann ergänzen, Freiheit von den vielen Herren, die sich unserer bemächtigen oder uns für ihre Zwecke benutzen wollen: unserer Aufmerksamkeit, unserer Kräfte, unseres Geldes, unserer Meinung, unserer Wählerstimme usw.
Der Apostel präzisiert, was mit dem Leben im Geiste gemeint ist. Er schreibt: „Die Frucht aber des Geistes ist Liebe, Freude, Friede, Geduld, Freundlichkeit, Güte, Treue, Sanftmut…“ (Gal. 5, 27) oder: „Einer trage des anderen Last, so

werdet ihr das Gesetz Christi erfüllen." (Gal. 6,2). In diesen Worten spricht sich das Doppelgebot der Liebe aus, indem Jesu Geist besonders zugespitzt zum Ausdruck kommt: „ Du sollst den Herrn, deinen Gott, lieben von ganzem Herzen, von ganzer Seele und von ganzem Gemüt. Das andere ist dem gleich: Du sollst deinen nächsten lieben wie dich selbst." (Mt. 22, 37-39)

Demgegenüber steht nach Paulus ein anderer Geist. „Lasst uns nicht nach eitler Ehre trachten, einander nicht herausfordern und beneiden." (Gal. 5,26) Das, liebe Gemeinde, ist geradezu das Gegenmodell zum Leben im Geiste, zur Orientierung an Christus. Denn hier geht es um Selbstbezogenheit, Geltungssucht, Ruhmstreben und Eitelkeit, die den Vergleich mit den Anderen sucht und sie zu übertrumpfen trachtet. Die Devise die dahinter steht lautet: Ich will etwas sein und darstellen. Ich bin dann wer, wenn ich besser bin als die anderen. Diese werden als Konkurrenten wahrgenommen. Daraus spricht wenig Menschenliebe, der beschrittene Weg ist auf Konflikte angelegt. Das Leistungsdenken und die eigenen Leistungen werden vergötzt. Im christlichen Glauben und vor Gott haben menschliche Leistungen jedoch keine Bedeutung. Gott lässt sich dadurch nicht beeinflussen. Paulus schreibt: „Wenn jemand meint, er sei etwas, obwohl er doch nichts ist, der betrügt sich selbst" (Gal. 6,3)

Leben aus dem Geist oder Leben aus dem Fleisch. Leben aus Gott oder Leben aus der Eigenmächtigkeit. Leben aus dem Willen Gottes, dem Willen Jesu Christi oder Leben aus dem eigenen Willen. Ein Leben in dem wir unsere Sorgen vor Gott bringen können oder ein Leben in dem wir meinen, alles selbst in die Hand nehmen zu können und zu müssen. Das, liebe Gemeinde, sind scheinbar die Angebote und Lösungen, die der Apostel uns für unser Leben vor Augen führt. Aber ist das unser Thema anno 2012 hier in Lübeck. Judaisten gibt es, wie ich vermute, unter uns keine. Niemand, etwa im Kirchenvorstand, fordert die Erfüllung der Thora als Heilsweg. Spielt Leistung vor Gott eine Rolle? Besondere Gebets-, Reinheits- und Bußübungen werden nicht gefordert. Und doch, und doch spielen Vergleiche und Leistungsdenken in unserer Kirche eine nicht zu unterschätzende Rolle. Es gibt das Schielen nach Zahlen. Im Blick auf

Gottesdienstbesucher und Spenden, im Blick auf die Zahl von Kreisen, von Aktivitäten und die sog. Innovationsfreudigkeit von Gemeinden. Es gibt Gemeindeglieder denen man es nie recht machen kann und die immer mehr fordern an Aktivitäten. Nur, all das sagt nichts aus über die Qualität dessen, was eine Gemeinde und ihre Pastoren leisten. Denn es gibt auch im kirchlichen Alltag hier und da viel Schaumschlägerei und Selbstdarstellung. Entscheidend ist jedoch das Christus verkündigt wird, das Gott den Menschen nahe gebracht wird, ihm Dank und Lob von uns entgegengebracht werden, das Bekenntnisse gesprochen und auch im Alltag gelebt werden. Es geht darum, Gottes Stimme zu hören, Glauben zu stärken der nun einmal aus dem Hören des Wortes kommt, und seinen Willen zu leben. Ob eine Gemeinde wächst, verstanden als die Gemeinschaft der Gläubigen, das hängt letztendlich an Gott. Glauben, liebe Gemeinde, können wir nicht machen und auch nicht bewirken. Der Glaube ist eine Gabe Gottes, die aus seinem Geist erwächst. Was wir jedoch können ist, ihn zu bezeugen sowie ihn mit Taten anderen nahe zubringen - und das ohne Sorge. Ich weiß sehr wohl, dass es schwer fällt in einer Leistungsgesellschaft darauf zu vertrauen, dass vor Gott Leistungen nicht zählen. Ja, Gott stellt die Maßstäbe dieser Welt auf den Kopf. Er selbst offenbarte sich in seinem Sohn in Schwachheit am Kreuz. Wer besonders leistungsfähig ist soll sich dessen nicht rühmen, weil er seine Gaben Gott verdankt.

Umdenken und Sorglosigkeit legt uns der Predigttext für den heutigen Sonntag nahe. Beides können wir nicht aus eigenen Kräften bewirken. Doch können wir, liebe Gemeinde, uns darin einüben. Wir lernen im Leben nichts ohne dass wir uns Zeit nehmen, uns besinnen und konzentrieren. Durch das Lesen der Bibel, durch das Gebet, durch Gesprächskreise, anregende Unterhaltungen, Bücher und Gottesdienste. Geben Sie, liebe Gemeinde, Gott in ihrem Leben Raum. Er wird es Sie reichlich lohnen.

„Alle eure Sorge werft auf ihn; denn er sorgt für euch.“(1. Petrus 5,7) AMEN.

Gottesdienst am 06.10.2013 / 19. Sonntag nach Trinitatis

Wochenspruch: „Heile du mich, Herr, so werde ich heil; hilf du mir, so ist mir geholfen.“ (Jer. 17,14)

Predigttext: Johannesevangelium 5,1-16

Liebe Gemeinde,
der Evangelist Johannes stellt uns mit dieser Geschichte bedrückende Bilder vor Augen. Es handelt sich um Szenen, die wir z. T. auch aus unserem Alltag kennen. Er nennt Kranke, Blinde, Lahme und Ausgezehrte die mehr oder weniger regungslos, in einer eigenartigen Mischung aus Apathie und Ziel gerichteter Konzentration darauf warten, dass etwas geschieht. In unserer Geschichte warten sie darauf, dass sich das Wasser bewegt. Wer von ihnen zuerst in das Wasser steigt, kann mit Heilung rechnen. Auf diese einzigartige Bewegung hin sind alle Gedanken und alle Sinne ausgerichtet.

Es ist gewiss nicht genau dieses Bild, das uns im Alltag begegnet aber doch ein ähnliches. Wer von Ihnen schon einmal in einem Alten- und Pflegeheim war kennt ein vergleichbares Motiv. Alte Menschen, zumeist in Rollstühlen oder in Sesseln und auf Sofas sitzend, befinden sich im Foyer der jeweiligen Einrichtung und warten, warten darauf, dass etwas geschieht. Sie warten auf vertraute Gesichter, etwa von Angehörigen und ehemaligen Nachbarn, von denen sie sich Besuche erhoffen, von Mitarbeiterinnen oder Mitarbeitern die das Haus verlassen oder betreten; und sie warten auf neue Gesichter, unbekannte Menschen, die etwas Abwechslung in ihren Alltag bringen.

Oft werden ihre Erwartungen enttäuscht, mitunter sind sie nicht in der Lage vertraute Personen auch nur zu erkennen, selbst wenn es sich um die eigenen Kinder und Angehörigen handelt. Auf uns, liebe Gemeinde wirkt ein solches Leben trostlos. Besuche und Mahlzeiten bilden die Höhepunkte des Tages. Ein

Tag ohne Schmerzen oder mit nur wenigen Beschwerden ist ein guter Tag. Eigene Initiative ist kaum möglich.

So oder ähnlich kann man sich auch die Menschen am Teich Bethesda vorstellen. Abwartend, müde, bewegungsunfähig sowohl körperlich als auch geistig, mit eingeschränkten Sinnen und Erwartungen, vom Leben abgeschnitten. Nicht tot, aber auch nicht richtig lebendig - irgendwo dazwischen!

Zugleich jedoch ist unser Predigttext für den heutigen Sonntag auch eine Hoffnungsgeschichte die über Krankheit, Schmerz, Trauer, Teilnahmslosigkeit und Apathie hinausweist.

Die Geschichte von der Heilung des Kranken am Teich Bethesda führt uns die menschlichen Züge Jesu vor Augen, in denen Gottes Zuwendung und Liebe zu uns Menschen Gestalt findet. Nach altkirchlichem Bekenntnis von 451, dem sog. Konzil von Chalcedon, das die Bekenntnisschriften unserer Kirche enthält, ist Jesus Christus wahrer Mensch und wahrer Gott. Er vereint beide Naturen in sich. Gott wurde Mensch, um sich uns mitzuteilen, um unter uns zu Leben um sich unmissverständlich zu zeigen. Theologen sprechen von Offenbarung als der Selbstmitteilung Gottes, die jedem Menschen zugänglich ist. Die Selbstmitteilung Gottes in Jesus Christus wie er in den Bibel dargestellt wird, ist für jeden Menschen verständlich, unabhängig vom Alter oder vom Bildungsgrad. Er vermag zu kleinen Kindern ebenso zu sprechen, wie zu alten Menschen. Der Blick auf ihn wird nicht erst durch besondere geistige oder intellektuelle Leistungen möglich.

Ein hohes jüdisches Fest steht bevor, wahrscheinlich das Passahfest im Gedenken an die Befreiung Israels aus der Sklaverei und Unterdrückung in Ägypten. Es ist fraglos das wichtigste und höchste Fest der Juden. Jesus kommt nach Jerusalem. Am Teich Bethesda, der von fünf Hallen umgeben ist sieht Jesus die Kranken und Bedürftigen. Ihr Blick ist reduziert auf das Wasser. Sie leben oder vegetieren in Erwartung eines besonderen Augenblicks. Heilung ist nur zu bestimmten Zeiten möglich. Die Kranken, Blinden, Lahmen und Ausgezehrten hoffen darauf, dass sich das Wasser bewegt. Auf diesen Moment sind sie geradezu fixiert und festgelegt. Nur die Bewegung des Wassers vermag ihnen angeblich Gesundheit zurückzugeben. Wer von ihnen zuerst in das Wasser gelangt, kann mit Heilung rechnen. Einem von ihnen gilt das besondere Augenmerk Jesu. Der Mann, es handelt sich offenkundig um einen Gelähmten, dessen Namen wir nicht erfahren. 38 Jahre wartete er bisher auf Heilung. Das entspricht nach dem 5. Buch Mose 2,14 der Dauer der Wüstenwanderung Israels, bevor Gott sie in das Gelobte Land führte, ihnen Gottes Heil widerfuhr. In 38 Jahren war es dem Gelähmten nicht gelungen, das Wasser rechtzeitig zu erreichen. Wasser, lebendiges und bewegtes Wasser, steht nicht nur hier für das Leben. Wie sollte ihm das auch gelingen hinsichtlich seiner Bewegungsunfähigkeit und angesichts der Tatsache, dass er niemanden hat, der ihm hilft.

Jesus geht auf den Gelähmten zu. Dieser bittet ihn um nichts und wir erfahren auch keine Einzelheiten über seinen Glauben. Jesus ergreift die Initiative, was für Heilungsgeschichten in den Evangelien sehr ungewöhnlich ist. Er geht auf ihn zu. Offenkundig rührt ihn das Leiden des Gelähmten an. Die Frage die Jesus an ihn richtet, erscheint überflüssig: „Willst du gesund werden?" Der Gelähmte schildert seine ausweglose Lage und Jesus spricht daraufhin ein kurzes Befehlswort: „Steh auf, nimm dein Bett und geh hin" (Joh. 5,8). Und so geschieht es.

Das Heil ist nicht abhängig von bestimmten Momenten, von Augenblicken auf die wir uns fast krampfhaft konzentrieren. Es ist auch nicht abhängig von uns oder davon, dass andere Menschen uns im richtigen Augenblick zur Seite stehen. Gottes Heil muss nach unserer Geschichte nicht so aussehen, wie wir uns das vorstellen. Gott muss nicht so handeln wie wir meinen, dass er handeln müsste. Das Heil, liebe Gemeinde, begegnet uns in der Person Jesu Christi. Er ist als Offenbarer so etwas wie ein „Lebendigmacher". Diese Begegnung ist jederzeit möglich, auch dann, wenn wir nicht mit ihm rechnen. Das Volk Israel erfuhr während z. T. quälender Wüstenwanderung Gottes Beistand und schließlich mit dem Einzug in das Gelobte Land, Gottes Gnade und Gottes Heil. Mit dem Gelähmten verhält es sich ähnlich. Am Ende seiner Erkrankung stehen nicht Verzweiflung und weiterer körperlicher Verfall, sondern Leben und Zukunft. In

Christus begegnet auch uns das Heil. Er ist stärker als Leid, Verzweiflung, Traurigkeit und der Tod. Christus ist der Herr auch über diese Mächte.

Damit aber, liebe Gemeinde, sind wir noch nicht am Ende der Predigt. Ein Disput, ein Streit bahnt sich an. Die Juden, wie es hier heißt, nehmen Anstoß daran, dass der Geheilte sein Bett trägt. Es ist Sabbat und am Sabbat darf nicht gearbeitet werden, was das Tragen schwerer Lasten einschließt. Der Geheilte beruft sich auf Jesus, der ihm aufgetragen hatte, sein Bett zu nehmen und hin zu gehen. Dieser ganze Vorgang wirkt befremdlich. 38 Jahre war der Geheilte gelähmt. Die Vorwürfe der Juden wirken kleinlich, lieblos und beschränkt. Sie sehen nicht den Menschen, den geheilten Menschen, sondern nur ihr Ordnungsverständnis, das an Geboten und mehr noch an Verboten ausgerichtet ist.

Wieder kommt es zur Begegnung zwischen dem Geheilten und Jesus, diesmal im Tempel. Jesus gibt ihm den Rat: „Sündige hinfort nicht mehr, das dir nicht etwas schlimmeres widerfahre." Das klingt für unsere Ohren, liebe Gemeinde, sehr befremdlich. Doch zur damaligen Zeit galten Erkrankungen als Folge von Sünden. Dabei galt Sünde als Abfall von Gott. Wer sich von Gott entfernt oder abwendet, seine Gebote verletzt, ihn nicht gelten lässt und ihm keinen Raum im eigenen Leben gibt, verliert Lebensqualität, erleidet Erkrankungen und hat am Leben immer weniger Anteil. Für die Frommen im damaligen Judentum war immer klar, dass die Entfernung von Gott zum Verlust von Lebensqualität und schließlich des Lebens führt. Wahres Leben gibt es nur in Gemeinschaft mit Gott. Im Gebet, im Hören auf sein Wort, im Halten der Gebote und im Gottesdienst bleibt die Gemeinschaft mit Gott lebendig. Der Tod besaß besonderen Schrecken, weil er den vollständigen Verlust des bleibenden Lebens bei Gott bedeutete. Umso wichtiger war es für die ersten Christen zu wissen, aber auch für uns, das Christus, der Auferstandene, den Tod ein für alle Mal besiegt und ihm die Macht genommen hat.

So ist die Heilung, von der wir gehört haben Zeichen für und Hinweis auf das ewige Leben.

Unser Predigttext, liebe Gemeinde, endet mit dem Entschluss der Juden, ihn zu verfolgen. Wenige Verse später erfahren wir, dass sie beabsichtigten ihn zu töten. Anstoß erregt Jesus dadurch, dass er das Sabbatgebot verletzt, indem er dem Geheilten aufträgt, sein Bett zu tragen. Im eigenen Ordnungsdenken befangen, vermögen sie die Offenbarung Gottes in Christus nicht zu erkennen. Ihre Ordnung, die sie auf den Willen Gottes zurückführen, versperrt ihnen den Blick für die Güte Gottes. Ordnung ist ihnen wichtiger als das Heil von Menschen. Ihr Denken wirkt unmenschlich und rechthaberisch. Die Gebote, die sie vertreten dienen letztlich nur dem Anspruch, Macht über andere Menschen auszuüben. Dabei sollen die Gebote des Alten Testaments den Menschen dienen. Darin, und nur darin, handelt es sich um Gebote Gottes. Oder wie Jesus sagt: „Der Sabbat ist um des Menschen Willen gemacht und nicht der Mensch um des Sabbats willen. So ist der Menschensohn ein Herr auch über den Sabbat“ (Mk. 2,27.28).

Jesus Christus, in dem sich Gott offenbart, bleibt ein „Fremdling“ in dieser Welt. Steht er doch gegen menschliches, allzu menschliches Denken und Handeln, damals wie heute. AMEN.

Andacht zum Erntedankfest im Herbst 2014

„Wir pflügen und wir streuen den Samen auf das Land, doch Wachstum und gedeihen steht in des Himmels Hand: Der tut mit leisem Wehen sich mild und heimlich auf und träuft, wenn heim wir gehen, Wuchs und Gedeihen drauf.
Alle Gute Gabe kommt her von Gott dem Herrn, drum dankt ihm, dankt, drum dankt ihm, dankt und hofft auf ihn!
Er sendet Tau und Regen und Sonn und Mondenschein, er wickelt seinen Segen gar zart und künstlich ein und bringt ihn dann behände in unser Feld und Brot: Es geht durch unsere Hände, kommt aber her von Gott.
Alle gute Gabe kommt her von Gott dem Herrn, drum dankt ihm, dankt, drum dankt ihm, dankt und hofft auf ihn!“ (EG 508,1.2)
Das Lied „Wir pflügen und wir streuen“ gehört zu den bekanntesten und unverzichtbaren Liedern für den Erntedankgottesdienst. Und zweifelsohne enthält es einen der schönsten Texte von Matthias Claudius, geschrieben im Jahre 1783. Gleichwohl erscheint die Wortwahl für die meisten von uns wie aus der Zeit gefallen. Die wenigsten von uns pflügen, streuen und ernten landwirtschaftliche Erzeugnisse. Das Verhältnis zur Landwirtschaft beschränkt sich für die meisten von uns auf die Rolle von Konsumenten. Wir sind sogenannte „Verbraucher“, die landwirtschaftliche Produkte kaufen und essen, aber nicht selber herstellen.
Noch bis in die sechziger Jahre hinein lebte in den Dörfern fast die gesamte Einwohnerschaft von der Landwirtschaft - ob als Bauern, Landarbeiter oder Handwerker wie Schmiede oder Stellmacher. Das hat sich seit den siebziger Jahren deutlich verändert. Immer mehr Menschen leben in großen Städten. Wir kennen den Trend hin zu vermehrter Mechanisierung in der Landwirtschaft, dem Einsatz von perfektionierten Düngemittel, immer größeren Betrieben und Massentierhaltung. Der von Matthias Claudius geschilderte Prozess des Wachsens und Gedeihens entzieht sich den meisten Menschen mehr und mehr.
Viel Arbeit und großer finanzieller sowie technischer Aufwand wird betrieben, damit immer mehr landwirtschaftliche Erzeugnisse produziert werden können.

Wir leben trotz aller sozialen Unterschiede in einer reichen Gesellschaft. Im Weltmaßstab gesehen befinden sich die Länder des Westens, zu dem auch Deutschland gehört, auf „Wohlstandsinseln" mit einem immensen Überfluss.
Aber wie steht es um die Wertschätzung von Lebensmitteln? Der Ausdruck legt ja nahe, dass es sich nicht um irgendwelche mehr oder weniger wichtigen Produkte handelt, sondern um Mittel, die zum Leben nötig sind; ohne die wir nicht leben können. Was sind sie uns wert? Was sind wir bereit für sie zu bezahlen? Jenseits vom Ackerbau steht dahinter auch die Frage nach dem Umgang mit Tieren. Wenn Fleisch billig sein muss, bestimmt diese Einstellung ja auch die Art der Tierhaltung. Nicht böse oder sadistisch veranlagte Bauern bestimmen letztendlich die Art der Tierhaltung, sondern wir Verbraucher.
Wenn landwirtschaftliche Produkte Gegenstände sind wie andere auch, etwa Autos, Haushaltsgeräte, Bücher, Kleidung oder Handys dann stellt sich in der Tat die Frage, warum es ein Erntedankfest gibt.
Matthias Claudius versucht einen Blick hinter das zu werfen, was wir vor Augen haben. Es gibt die harte Arbeit, betriebliche Organisation, wirtschaftliche Planung und menschlichen Erfindungsreichtum, aber das alleine garantiert noch keine gute Ernte. Dazu bedarf es auch eines guten und fruchtbaren Bodens, Regen und Sonne. „Wachstum und Gedeihen stehen in des Himmels Hand." Es bedarf des göttlichen Segens. Wir leben alle von Voraussetzungen, die wir nicht selbst geschaffen haben. Das gilt für die Beschaffenheit des Bodens, das gilt für den Wechsel der Jahreszeiten, für die Vegetation und schließlich auch für die Nutztiere.
Wir leben von Voraussetzungen, die wir nicht selbst geschaffen haben. Ja, wir haben uns selbst nicht geschaffen. Wir verdanken uns nicht unserm eigenen Wirken. Wir sind Geschöpfe Gottes.
Die Erntedankgottesdienste sind auch in den Städten in der Regel gut besucht. Vielleicht steht dahinter bei vielen Menschen mehr als nur eine Ahnung, dass sich gute Ernten nicht nur aus der Kraft menschlicher Arbeit hervorgehen, sondern noch ganz anderer Kräfte bedürfen. Und dahinter steht sicherlich auch die

Vorstellung, dass „Lebensmittel“, so gering sie auch gelegentlich geachtet werden, in ihrer Bedeutung für uns Menschen letztlich unvergleichbarer sind. Von Autos und Handys, PCs, Immobilien und Geld wird man ja bekanntlich nicht satt. Was nützt aller Wohlstand, ja Reichtum, wenn der Teller leer bleibt?

Ich wünsche Ihnen allen ein schönes Erntedankfest und über das Jahr stets einen reich gedeckten Tisch sowie gesegnete Mahlzeiten. Und ich wünsche Ihnen Dankbarkeit, zu dem wir alle Grund genug haben. AMEN.

Gottesdienst am Sonntag, d. 05.10.2014 / Erntedank
Mit Taufe von L. W. W.

Wochenspruch: „Aller Augen warten auf dich, Herr, und du gibst ihnen ihre Speise zur rechten Zeit.“ (Ps. 145,15)

Taufspruch: „Von allen Seiten umgibst du mich und hältst deine Hand über mir.“ (Ps. 139,5)
Predigttext: Hebräerbrief 13,15-16

Liebe Gemeinde,
der heutige Sonntag und mit ihm dieser Gottesdienst laden zum Danken ein. Wir haben allen Grund zum Dank für eine gute Ernte. Ein gedeckter Tisch und unser täglich Brot – zumeist haben wir deutlich mehr auf dem Teller- sind keineswegs selbstverständlich. Weltweit leiden ca. 1 Mrd. Menschen an Unterernährung. Im Weltmaßstab ist es keineswegs selbstverständlich, jeden Tag satt zu werden. Für ältere Menschen unter uns sind Erinnerungen an Ernährungsmängel und auch Hunger durchaus lebendig.
Zugleich haben besonders Sie, liebes Ehepaar W., allen Grund zum Danken. Und es ist Dankbarkeit, die Sie heute hierher geführt hat. L. W., den wir gerade getauft haben, ist das Kostbarste und Wichtigste in Ihrem Leben. Er ist ein Geschenk, das Ihr Leben bereichert und tagtäglich Anlass zur Freude gibt. L. W. ist noch sehr klein, aber er nimmt in Ihrem Leben einen großen Raum ein.
Dankbarkeit stellt sich zumeist dann ein, wenn wir uns beschenkt fühlen; und beschenkt fühlen wir uns in der Regel dann, wenn wir etwas bekommen und erhalten, dass wir nicht uns verdanken.
Wir werden täglich satt von Gaben, die wir nicht gesät, gepflanzt, angebaut, geerntet und veredelt haben. Wir leben alle, liebe Gemeinde, von Voraussetzungen, die wir nicht selbst geschaffen haben. Gehen wir noch einen

Schritt weiter. Wir alle verdanken uns nicht uns selbst. Wir haben uns nicht geschaffen, nicht gemacht und auch nicht erfunden. Irgendwann haben wir uns vorgefunden. Wir verdanken uns anderen Menschen, die uns großgezogen, geliebt, mit ihrer Fürsorge geleitet, umsorgt und gefördert haben - unseren Eltern, Angehörigen, Freunden, Geschwistern, Lehrern und weiteren Personen. Am Ende verdanken wir uns Gott, dem Schöpfer des Himmels und der Erde, der das Leben hervorgerufen hat; mithin auch uns. Ohne ihn gäbe es nichts.

Ein Tag wie dieser lädt uns dazu ein, liebe Gemeinde, Abstand zu suchen gegenüber einer Denkweise, die sehr verbreitet ist, vielleicht sogar prägend für unsere Gesellschaft, unsere Zeit und unseren Kulturraum. Nach dieser Sichtweise werden dem Menschen Eigenschaften des Schöpfers zugesprochen. Gute Ernten sind nach dieser Perspektive das Ergebnis menschlicher Arbeit und menschlichen Erfindungsreichtums. Man denke nur an die fortschreitende Mechanisierung in der Landwirtschaft und die Entwicklung von Düngemitteln, Pflanzenschutzmitteln und Saaten, die große Ernten erst möglich machen. Und schließlich bekommen wir landwirtschaftliche Produkte nicht geschenkt. Für Brot, Kartoffeln und Gemüse müssen wir bezahlen. Die Preise werden über den Markt und die EU reguliert. Aber muss man, müssen wir, liebe Gemeinde, dankbar sein für Produkte, die wir bezahlen?

Aber das ist nur die eine Sichtweise. Denn was nützen aller Fleiß, hochwertige Maschinen und alle Fortschritte in der Züchtung neuer und ergiebigerer Pflanzen, wenn die Rahmenbedingungen fehlen. Dazu gehören ein fruchtbarer Boden, der Wechsel der Jahreszeiten sowie Sonne und Regen und natürlich auch, dass die Felder vor Unwettern verschont bleiben. „Wachstum und Gedeihen", liebe Gemeinde, liegen nicht in des Menschen Hand.

Und ist es mit der Geburt eines Kindes nicht ähnlich? Gelegentlich sprechen wir von „Familienplanung", als läge alles in unserer Hand. Aber ist das so? Leben können wir nicht machen. Leben können wir allenfalls weitergeben. Und am Ende ist die Geburt eines neuen Erdenbürgers, so empfinden das viele Eltern mit Staunen, wie ein Wunder. Aller medizinische Fortschritt, gerade auch in diesem

Bereich, kann nicht darüber hinwegtäuschen, dass Leben immer ein Geschenk ist, das uns auch emotional nicht unberührt lässt. Sie, die Eltern, liebes Ehepaar W., und mit Ihnen viele Eltern, können das gewiss bestätigen.

Das Erntedankfest hält fest, dass es trotz des Lebens in einer Überflussgesellschaft wie der Unseren keine Selbstverständlichkeit ist, immer und überall zu essen zu haben. Und in Verbindung mit der Taufe von Leo Willi am heutigen Tage wird uns der Gedanke nahegebracht, dass das Leben keine Selbstverständlichkeit ist, sondern Geschenk – Geschenk Gottes, Ausdruck seiner Zuwendung und Gnade.

Unser Predigttext erweitert die Besinnung auf den Dank um einen wichtigen Begriff, der für unser Leben von zentraler Bedeutung sein soll, nämlich das „Lob". Darum jedenfalls wirbt der Verfasser des Hebräerbriefes. Er bedient sich dabei einer Sprache, die uns teilweise fremd geworden ist und auf uns eher abschreckend wirkt – so vermute ich jedenfalls. Es fallen Ausdrücke wie „Lobopfer" oder auch einfach „Opfer". Damit werden Gedanken an blutige Tier - oder Menschenopfer nahegelegt, um eine zornige Gottheit milde und versöhnlich zu stimmen.

In diesen Tagen feiern die Juden den Jom Kippur, den „Großen Versöhnungstag". Nach dem Passah ist das ihr höchstes Fest. Dabei geht es um die „Entsühnung des Volkes". Nach 3. Mose 16 wurde es, anders als heute, sehr blutig begangen und mündete darin, dass über zwei Ziegenböcke das Los geworfen wurde. Der eine Bock wurde als Sündopfer geschlachtet. Dem anderen Ziegenbock legte der Priester die Hände auf, durch die die Sünden des Volkes auf das arme Tier übertragen wurden, das sodann in die „Wüste geschickt wurde", wo es schließlich elendig verendete. Wir kennen die Ausdrücke dieses Übertragungsritus (Eliminationsritus) aus unserem Alltag: „Sündenbock" und „jemanden in die Wüste schicken". Es war naheliegend das Modell, die Denkfigur „stellvertretender Sühne" schließlich auch auf Jesus, seinen Leib und sein Blut, zu übertragen.

Für den Verfasser des Hebräerbriefes sind derartige Opfer, mithin der gesamte Kult am Jerusalemer Tempel, Vergangenheit. Das zentrale Heiligtum der Juden lag zu seiner Zeit bereits in Trümmern und sollte auch nie wieder neu errichtet werden. Geblieben ist von ihm die berühmte Klagemauer, das zentrale Heiligtum der Juden. Auf dem Tempelberg erhebt sich heute der weithin sichtbare Felsendom, eines der wichtigsten Heiligtümer des Islam.

An die Stelle von Opfern tritt für den Verfasser des Hebräerbriefes das „Lob". Im Blick auf unseren Predigttext kann man geradezu von einem „Doppelgebot des Lobens" sprechen. In der Hinwendung zu Gott wird bewusst, wem alles zu verdanken ist, dass wir nicht aus uns selbst heraus leben. Ja, die Hinwendung zu Gott bewirkt in uns ein großes Staunen und Dankbarkeit. „Loben", das bedeutet ja, etwas würdigen, den Wert erkennen. Diese Haltung des Lobens setzt sich fort zum Nächsten hin – andere sollen teilhaben an dem Guten, das uns von Gott gegeben ist. Nicht nur sonntags, nicht nur an kultischen Orten und zu ausgesonderter Zeit, sondern im alltäglichen Leben vollzieht sich in dieser Weise des Lobens der „wahre Gottesdienst".

Wie im Doppelgebot der Liebe besteht auch das Doppelgebot des Lobens zugleich in der Hinwendung zu Gott - die „Frucht der Lippen", die loben, danken und bekennen - und in der Hinwendung zum Mitmenschen, die sich im Teilen und Gutes-Tun erweist.

Gott loben bedeutet, ihm die Ehre zu geben, d. h. ihm Platz und Raum in unserem Leben einzuräumen. Gott zu loben bedeutet, uns von ihm her zu verstehen, nach seinem Wort und Willen zu fragen, sich daran zu orientieren.

Ich wünsche dem L. W., dass er durch seine Eltern und Paten immer wieder daran erinnert wird, wer er durch die Taufe ist, nämlich ein von Gott vorbehaltlos angenommener, d. h. geliebter Mensch. Zugleich wünsche ich uns, liebe Gemeinde, dass auch wir uns immer wieder daran erinnern - oder erinnern lassen - wer wir durch die Taufe sind; denn das ist ja der eigentliche Grund unseres Lobes.

Wir müssen uns unseren Wert nicht verdienen oder erarbeiten. Er ist auch nicht abhängig vom Bildungsstand, dem Einkommen, der Hautfarbe, der Herkunft oder unserer Geschlechtszugehörigkeit. Vor Gott, dem Schöpfer des Himmels und der

Erde sind wir Menschen gleich, werden wir gleichermaßen liebevoll von ihm angenommen; genauso, wie Jesus das auf dem Weg von Nazareth nach Jerusalem gelebt hat.
Wollen wir wissen wie Gott uns Menschen sieht, genügt der Blick auf Christus, in dem uns Gott sein menschliches Antlitz zuwendet. Und wollen wir wissen, was es heißt neben der „Frucht der Lippen“ als dem Lobopfer „gutes zu tun und mit anderen zu teilen“, dann, liebe Gemeinde, genügt ebenfalls der Blick auf Christus. Durch die Taufe gehören wir zu ihm, im Leben, im Sterben und auch im Tode. Er gibt uns Halt, Orientierung und spendet uns Trost. Für Martin Luther war es in Stunden schwerer Anfechtungen, Traurigkeit und Selbstzweifel immer wieder ein großer Trost, sich seiner Taufe zu erinnern. Der Überlieferung nach soll er in dunklen Stunden immer wieder geschrieben haben: Ich bin getauft.
Sehr wahrscheinlich wird er dabei empfunden haben, was der Taufspruch von L. W. ausspricht: „Von allen Seiten umgibst du mich und hältst deine Hand über mir.“ (Ps. 139,5)
In früheren Zeiten, liebe Gemeinde, wurden Täuflinge in Kirchenglocken getauft, die mit Wasser gefüllt waren. Sie wurden dreimal eingetaucht, man nennt dies „Immersionstaufe“. Damit sollte symbolisches Sterben zum Ausdruck gebracht werden. Als Christen sind wir letztendlich nicht abhängig von irdischen oder sonstigen Mächten, weil Christus, der Auferstandene uns trägt; weil der Glaube an ihn uns Kraft gibt. Er hat die letzte Macht besiegt, die uns vor Augen steht, nämlich den Tod. Auch das ist Grund für unser Gotteslob und für Gelassenheit. Der Apostel Paulus spricht geradezu von einem neuen Leben, wenn auch unter den Bedingungen dieser Welt in der es nur zu oft ungerecht und grausam zugeht: „Wisst ihr nicht, dass alle, die wir in Christus Jesus getauft sind, die sind in seinen Tod getauft? So sind wir ja mit ihm begraben durch die Taufe in den Tod, damit, wie Christus auferweckt ist von den Toten durch die Herrlichkeit des Vaters, auch wir in einem neuen Leben wandeln.“ (Röm. 6,3.4) AMEN.

Tansaniagottesdienst am Sonntag, d. 02.11.2014 / Partnerschaftsgottesdienst

Wochenspruch / Motto / Predigttext:
„Bleibt fest in der brüderlichen Liebe. Gastfrei zu sein vergesst nicht; denn dadurch haben einige ohne ihr Wissen Engel beherbergt.“ (Hebräerbrief 13,1.2)

Liebe Gemeinde,
am heutigen Sonntag feiern wir den traditionelle Partnerschafts-Gottesdienst. Seit vielen Jahren unterhält unsere Kirchengemeinde Beziehungen zur Gemeinde Iwawa im Kirchenkreis Jimbo la Kazkazini in Makete/ Tansania. Ausdruck der Verbundenheit ist der jährlich stattfindende Gottesdienst. Pastor Henrik Ilomo wird heute über denselben Text predigen wie ich. Das eine oder andere afrikanische Lied, das wir heute singen, wird wahrscheinlich auch in der Gemeinde Iwawa erklingen. Natürlich wird in beiden Gottesdiensten auch das Vaterunser gebetet und der Segen mit den vertrauten Worten gesprochen. Die biblischen Lesungen aus Psalm 121 und dem Matthäusevangelium sind dort ganz gewiss bekannt. So gibt es unüberhörbar eine Menge an Gemeinsamkeiten zwischen dem Gottesdienst in Iwawa und unserem Gottesdienst, den wir in Eichholz feiern - ein geistliches Band der Verbundenheit.
Gerne hätte ich in Erfahrung gebracht, wie mein Amtsbruder im fernen Tansania den Text aus dem Hebräerbrief auslegt – ich werde es gewiss noch in Erfahrung bringen.
Zwei Begriffe drängen sich uns dabei inhaltlich geradezu auf.
Wir hören zum Einen von der Philadelphia, der brüderlichen Liebe, die der Verfasser dieses Schreibens in seiner Gemeinde anmahnt. Für unsere Ohren klingt das zunächst befremdlich. Wie kann man Liebe anmahnen? Und weiter: Auf Gleichberechtigung bedacht, stellt sich in unseren Breiten und in einer modernen und aufgeklärten Gesellschaft, für die wir die unsrige in der Regel ja halten, fast

reflexartig die Frage, warum die Frauen nicht berücksichtigt sondern scheinbar ausgeschlossen werden.

Die Fragen sind schnell beantwortet. Liebe, auch die brüderliche Liebe, meint etwas Anderes als eine Form der Verbundenheit, die auf Sympathien und Emotionen beruht. In der Regel lieben wir Menschen, die wir mögen, die uns Nahe sind, mit denen uns ein Band von Interessen, gemeinsamer Geschichte und Gefühlen verbindet. Wen wir lieben, liebe Gemeinde, hängt dabei von uns ab, von einer Auswahl die wir treffen – ob bewusst oder unbewusst. Wer unserer Liebe würdig ist, hängt ab von Maßstäben, die wir setzten.

Diese Art von Liebe ist hier nicht gemeint. Grund der brüderlichen Liebe ist die Menschwerdung Gottes in Jesus Christus. Sein Erscheinen und Wirken in dieser Welt. Durch die Fleischwerdung, die sog. Inkarnation, wird Jesus zum Bruder der Menschen. Er wird Mensch, eben unser Bruder, um uns Menschen nahe zu sein – er begibt sich gewissermaßen auf Augenhöhe, wird einer von uns. Jesus bezeichnet seine Jünger als Brüder und seine Anhängerinnen als Schwestern, als seine Familie, und er kann sagen: „Denn wer Gottes Willen tut, der ist mein Bruder und meine Schwester und meine Mutter." (Mk. 3,35)

Schließlich beten wir auch nicht mit den Worten: „Mein Vater im Himmel...", sondern wir sprechen: „Unser Vater im Himmel..." Darin spricht sich neben der Gemeinschaft mit Christus auch die Verbundenheit mit allen Menschen aus, die zu Christus gehören, an ihn glauben, sich zu ihm bekennen und in seinem Geiste handeln.

Wir kennen die Geschichte vom „Barmherzigen Samariter". Ihr voraus geht die Frage nach dem höchsten Gebot, eben dem Doppelgebot der Liebe – wir sollen Gott lieben und unseren Nächsten wie uns selbst - sowie die Frage, wer denn unser Nächster ist. Die Antwort lautet, derjenige, der unserer Unterstützung und Zuwendung bedarf. Und eben nicht, wen wir am meisten mögen. Der Samariter handelt nicht nach eigenen Maßstäben und Wertsetzungen. Es geht bei der brüderlichen Liebe ganz wesentlich um Hilfe, Achtung und Respekt.

Der Ausdruck „Bruderliebe" spiegelt das in Zügen patriarchalische Denken der damaligen Zeit wieder. Mit dieser Formulierung wurden Frauen aber nicht ausgeschlossen, vielmehr handelt es sich um eine einseitige Formulierung. Der Apostel Paulus schreibt an die Gemeinde in Galatien: „Denn ihr seid alle durch den Glauben Gottes Kinder in Christus Jesus. Denn ihr alle, die ihr auf Christus getauft seid, habt Christus angezogen. Hier ist nicht Jude noch Grieche, hier ist nicht Sklave noch Freier, hier ist nicht Mann noch Frau, denn ihr seid allesamt einer in Christus Jesus." (Gal. 3, 27.28)

Der zweite Ausdruck, liebe Gemeinde, klingt beim ersten Hören ähnlich befremdlich. Der Verfasser des Hebräerbriefes ermahnt seine Gemeinde zur „Gastfreundschaft", in dem er sagt, seid „gastfrei". Dabei ging es tatsächlich um nicht mehr oder weniger als darum, fremde Menschen in das Haus aufzunehmen um ihnen Unterkunft, Essen und Schutz zu gewähren. Ich übertreibe nicht, wenn ich sage, dass Gastfreundschaft zu den wichtigsten Lebensäußerungen des Urchristentums gehörte, es hatte fast „Bekenntnisrang". Jesus sagt zu seinen Jüngern: „Wer euch aufnimmt, der nimmt mich auf; und wer mich aufnimmt, der nimmt den auf, der mich gesandt hat. (Mk. 10,40)

Ohne Gastfreundschaft, wäre die christliche Mission, die Ausbreitung des christlichen Glaubens gar nicht möglich gewesen. Der christliche Glaube wurde durch Wanderprediger weitergetragen, die den Wanderradikalismus Jesu lebten. Sie hatten in der Regel keinen Besitz, kein Zuhause, waren stets unterwegs und lebten von Spenden. Der bekannteste von ihnen, Paulus, so erfahren wir, fand Aufnahme bei Lydia, einer wohlhabenden Purpurhändlerin, in Philippi. Sie war die erste Christin in Europa. In der Apostelgeschichte des Lukas heißt es: „Als sie (Lydia) aber mit ihrem Haus getauft war, bat sie uns und sprach: Wenn ihr anerkennt, dass ich an den Herrn glaube, so kommt in mein Haus und bleibt da. Und sie nötigte uns."(Apg. 16,15)

Paulus fand in Korinth Unterkunft bei einem Ehepaar, dass gerade aus Rom kam, Aquila und Priszilla. Offenbar mussten sie die Stadt verlassen.

Von Petrus und den Brüdern Jesu erfahren wir ebenfalls, dass sie als Wanderprediger, als Missionare, umherzogen, um das Evangelium zu verkünden.

Teilweise waren sie mit ihren Ehefrauen unterwegs. Paulus spricht sogar von dem Recht der Wandermissionare, von der Gemeinde beherbergt und verköstigt zu werden. Er beruft sich dabei ausdrücklich auf Christus: „So hat auch der Herr befohlen, dass, die das Evangelium verkündigen, sich vom Evangelium nähren sollen." (1. Kor. 9,14) Zugleich weist er daraufhin, dass er davon in der Regel keinen Gebrauch gemacht hat, um den jeweiligen Gemeinden nicht zur Last zu fallen. So ging er in den jeweiligen Gemeinden seinem Handwerk nach und arbeitete als Zeltmacher. Das hat ihm damals übrigens auch Kritik eingetragen. Manchen Gemeindegliedern diente dies als Beleg dafür, dass er kein rechter Apostel war.

Ohne Wanderprediger, ohne Wandermissionare wäre das Christentum wahrscheinlich nie zu uns gekommen; bis hin zur Mission im Norden, die mit Namen wie Vicelin, Ansverus und anderen Namen und Personen verbunden ist. Ebenso wenig wie ohne die Bereitschaft von Menschen, diese aufzunehmen mit ihrer Gastfreundschaft.

Bruderliebe und Gastfreundschaft sind Themen, liebe Gemeinde, die an dieser Stelle nicht wirklich umfassend erörtert werden können. Die Bruderliebe, oder besser noch, die Geschwisterliebe, verbindet die Glieder der einzelnen Gemeinden miteinander. Die Gastfreundschaft schließt die Christenheit als Ganzes zusammen. So etwa ließe sich das Gemeinte verkürzt auf den Punkt bringen.

Wie stehen wir dazu? Findet die „Bruderliebe in unserem Alltag Raum? Wie sehen wir Menschen, die zu unserer Gemeinde gehören? Sehen wir sie mit freundlichen, mit geschwisterlichen Augen?

Und wie steht es um die Gastfreundschaft? Wie stehen wir dazu? Sind wir gastfrei und offen? Gestatten wir anderen Menschen uns nahe zu kommen oder verschließen wir uns?

Ohne anderen Beiträgen in diesem Gottesdienst vorgreifen zu wollen lässt sich doch so viel sagen. In armen Regionen, ob in Afrika, dem Orient oder selbst in weiten Teilen Russlands hat Gastfreundschaft einen sehr viel höheren Stellenwert als bei uns, die wir eine reiche Gesellschaft sind. AMEN.

Gottesdienst am So., d. 04.11.2013 / 22. Sonntag nach Trinitatis

Wochenspruch: „Bei dir ist die Vergebung, dass man dich fürchte." (Ps. 130,4)

Predigttext: Römerbrief 7,14-25a

Liebe Gemeinde,
der Predigttext für den heutigen Sonntag verlangt uns einiges ab. Das Thema auf das er eingeht erscheint ebenso wie die Sprache, derer er sich bedient, weit weg von unserer Lebenswirklichkeit, von unserem Lebenshorizont. Der Mensch unter dem (alttestamentlichen) Gesetz, so lautet die Überschrift, die das Thema unseres Predigttextes vorgibt. Aber ist das, liebe Gemeinde, unser Thema? Leben wir bewusst unter dem (alttestamentlichen)Gesetz? Ist es Lebens bestimmend für uns? Aber das ist nur der eine Begriff, der hier in unserem Text ein starkes Gewicht besitzt. Der andere ist der der Sünde. Ich vermute, dass er uns nicht weniger ratlos werden lässt. Wie auch immer, der Apostel beschreibt einen Zwiespalt, nämlich die „tödliche Allianz von Sünde und Gesetz." „Das Gesetz ist geistlich, ich aber bin fleischlich, unter die Sünde verkauft", schreibt Paulus (Röm.7, 14) Martin Luther führt zu diesem Vers aus: „Und dieser Zank währet in uns, solange wir leben, im Einen mehr, im Anderen weniger, darnach der Geist oder das Fleisch stärker wird." (Martin Luther) So führt unser Predigttext Gegensätze von Gesetz und Sünde aus.
Nirgendwo sonst wird bei Paulus und im zeitgenössischen Judentum dem Gesetz gegenüber eine so hohe Wertschätzung ausgesprochen, wie an dieser Stelle. Das Gesetz ist „geistlich", das wiegt schwerer als die damals gängige Einschätzung, das Gesetz sei „himmlisch". Weiter kann Paulus schreiben: „So ist also das Gesetz heilig und das Gebot ist heilig, gerecht und gut."(Röm.7,12). Die Gebote bilden das Gesetz, das Mose am Berg Sinai empfangen hat. Mit dem Gesetz sind auch

die fünf Bücher Mose insgesamt gemeint. Der Kern all dessen sind die zehn Gebote. Zu ihnen gehören aber auch Regelungen für Opferfeste, kultische Gebote, Schlachtungen, Speisegebote usw. Zur Zeit des Mose bildeten sie die Ordnung Gottes für das Leben in Freiheit nach den Erfahrungen der erlittenen Sklaverei in Ägypten, denn ein Leben ohne Ordnungen ist nicht möglich. Das Gesetz des Mose ist für das Judentum bis heute die normative, die bestimmende Kraft des Lebens. An ihm hat sich alles Denken und Handeln des Menschen auszurichten. Im Gesetz drückt sich der Wille Gottes aus, deshalb und nur deshalb kann es als heilig bezeichnet werden. Heilig bedeutet ja, zu Gott gehörig. Gott zu Eigen sein. In Treue zu den Geboten zu leben bedeutet gerecht zu sein. Gerechtigkeit steht im Kern für ein Verhältnis zu Gott, das auf Menschen abstrahlt. Thema und Inhalt der alttestamentlichen Geschichte ist das Verhältnis des Volkes Israel zu seinem Gott. Für die Propheten wie Jesaja, Jeremia und all die anderen haben die großen in der Geschichte des Gottesvolkes ihren Grund in der Untreue gegenüber dem Willen Gottes. Die Missachtung der Gebote, soziale Ungerechtigkeit, Schuldsklaverei und die Unterdrückung von Fremdlingen, Schwachen und Witwen, die Verehrung fremder Götzen, fragwürdige militärische Bündnispolitik; mit einem Wort, die Missachtung Gottes führen zu Verwerfungen und Katastrophen; zur Fremdherrschaft und Unterdrückung durch Assyrer, Babylonier und andere Großreiche und damit den Verlust der eigenen Freiheit wie damals in Ägypten.
Sünde, liebe Gemeinde, ist in diesem Sinne kein abgehalfterter und überflüssiger Begriff der einer fernen Zeit zuzuordnen ist und angeblich nur dazu dient, den Menschen klein zu machen. Sünde bedeutet zuallererst sich von Gott zu entfernen. Gott im eigenen Denken, Handeln und Suchen keinen Platz mehr einzuräumen. Sünde bedeutet das eigene Leben ohne Gott führen zu können. Ich denke an das Gleichnis vom „Verlorenen Sohn“, der sich von seinem Vater das Erbe auszahlen lässt, ihn also für tot hält, und in die Fremde zieht. Unter Sünde verstehen wir schließlich ein eigenmächtiges Leben führen zu können, in dem Gott keinen Platz mehr besitzt und andere Menschen nach eigenen Interessen benutzt werden. Das wäre dann das Leben nach eigenen Gesetzen die dazu dienen, den eigenen und

nur den eigenen Vorteil zu suchen und zu leben. Ich glaube, dass Sie alle, liebe Gemeinde, all dies mit Inhalt füllen können, leben wir doch in einer Gesellschaft, in der das Streben nach eigenen Vorteilen sehr ausgeprägt ist. Sei es im Blick auf raffgierige Banken die ganze Volkswirtschaften an Abgründe führen, Politiker die nicht nur das Gemeinwohl im Blick haben sondern auch gerne an den eigenen Vorteil denken aber auch hinsichtlich einfacher Bürger, die es bei einem Versicherungsschaden mit der Ehrlichkeit nicht so genau nehmen. Darum, liebe Gemeinde, geht es im Blick auf die Sünde. Im AT erscheint der Mensch als Sünder. Und dabei geht es nicht um einzelne, unbelehrbare Rechtsbrecher auf die man mit dem Finger zeigen kann, sondern um den Menschen wie er ist. Menschen wie du und ich. Im Johannesevangelium gibt es die schöne Geschichte von der sündigen Ehebrecherin. Die ehrbaren Bürger einer ehrbaren Stadt machen sich daran, sie zu steinigen. Sie treffen auf Jesus und fragen wie er darüber denkt. Seine Antwort ist klar und kurz: Wer von euch ohne Sünde ist, der werfe den ersten Stein. Der Mensch als Sünder, das ist im AT ebenso wie bei Jesus und Paulus so etwas wie eine Wesensbeschreibung. Als Sünder verletzt er Gottes Willen aber auch die Achtung gegenüber anderen Menschen.

Aber zurück zu unserem Predigttext. Die Sünde entzündet sich an den Geboten des Gesetzes- das liegt in der Natur der Sache. Der Sünde wird nach Paulus eine große Macht eingeräumt.

„So tue nun nicht ich es(die Übertretung des Gesetzes), sondern die Sünde, die in mir wohnt…Denn das Gute, das ich will, das tue ich nicht; sondern das Böse, das ich nicht will, das tue ich…“ (Röm. 7,17.19).

Die Sünde erscheint nach Paulus als eine Macht, die das menschliche Handeln bestimmt - ja, uns geradezu entmündigt. Wenn sich das so verhält, besitzt der Mensch keine Chance das Gesetz als Heilsweg zu verwirklichen. Er bleibt immer Sünder und vermag nicht aus eigenen Kräften vor Gott Gerechtigkeit zu erlangen. Die Ferne zu Gott erscheint festgeschrieben und unabänderlich. Der Mensch ist letztlich auch dem Tode verfallen, dem höchsten Maße der Gottferne.

Was, liebe Gemeinde, können wir tun, um vor Gott zu bestehen?

Das ist eine Frage, wenn nicht die Frage, die den Reformator Martin Luther um getrieben hat. Er gab als junger Mann sein Jurastudium auf um in Erfurt in einem Kloster zu leben. Von diesem Schritt erhoffte er sich eine Lebensweise die es ihm ermöglichen sollte vor Gott gerecht zu sein, einen gnädigen Gott zu erhalten. Aber was immer er auch machte und versuchte, die äußere und formale Erfüllung der Gebote sowie der klösterlichen Ordnungen sollte ihm gelingen, aber die bösen Gedanken, Missgunst, Neid, Eitelkeit, Aggressionen und Überheblichkeit blieben. Doch der äußere Schein genügte ihm nicht, stellte Luther nicht zufrieden. In ihm wuchs die Einsicht, dass er aus eigener Kraft und mit eigenen Werken vor Gott nicht gerecht werden konnte. Oder denken Sie, liebe Gemeinde, an die sog. Antithesen der Bergpredigt, die auf Jesus zurückgehen. Wir sind nicht bereits dann gerecht, wenn wir andere Menschen nicht töten. Die Sünde beginnt schon bei den bösen Gedanken und dem Zorn gegen andere Menschen. Der Ehebruch beginnt nicht erst mit der praktizierten ehelichen Untreue. Diese nimmt ihren Anfang im Kopf, im Begehren, im Herzen. Jesus radikalisierte das Gesetz des Mose, besonders die zehn Gebote und macht uns bewusst, was Luther schmerzlich erfahren musste und was Grundaussage unseres Predigttextes ist. Wir können vor Gott nicht gerecht sein. So haben wir heute auch mit den Worten von Ps.143 gebetet: „Herr, erhöre mein Gebet, vernimm mein Flehen um deiner Treue willen, erhöre mich um deiner Gerechtigkeit willen, und geh nicht ins Gericht mit deinem Knecht; denn vor dir ist kein Lebendiger gerecht.“ (Ps.143, 1-2)

Wir können, liebe Gemeinde vor Gott durch eigenes Tun nicht gerecht sein und werden, aber wir können uns von Gott gerecht sprechen lassen.

Das ist die wichtigste Botschaft des Neuen Testaments. Gott geht den Weg zu uns. Sein Weg zu uns nimmt seinen Anfang in einer Krippe in Bethlehem. Er will uns erreichen. In Christus wendet er uns sein menschliches Antlitz zu. In ihm, in Christus, wohnt die ganze Fülle der Gottheit. Der Weg Jesu zeigt uns, wie und wer Gott ist. Jesus nimmt die Sünder an und indem er das tut, spricht er sie gerecht - d. h. sie werden durch ihn gerecht. Egal ob Zöllner, Ehebrecherinnen, Prostituierte oder andere Sünder. Der Weg Gottes zu den Menschen führt ganz offenkundig besonders zu denen, die es nötig haben, die am Rande der Gesellschaft leben - übrigens dort, wo Jesus geboren wurde. Diese Zuwendung - diese unverdiente Zuwendung - bezeichnet der biblische Sprachgebrauch als Gnade. Dahinter verbergen sich die freie Entscheidung und die große Menschenliebe Gottes. Paulus schreibt: „Denn aus Gnade seid ihr selig geworden durch Glauben, und das nicht aus euch: Gottes Gabe ist es, nicht aus Werken, damit sich nicht jemand rühme." (Eph. 2, 8.9)

Unser Predigttext endet dann auch mit einem Aufschrei des Paulus und dem Dank gegenüber Gott. „Ich elender Mensch! Wer wird mich erlösen von diesem Tod verfallenen Leibe? Dank sei Gott durch Jesus Christus, unsern Herrn!" (Röm. 7, 24.25)

Die Sünde hat keine letzte Macht über uns. Die absolute Gottesferne die ihren Ausdruck im Tode findet, der völligen Beziehungslosigkeit, ist durch den Auferweckten Christus überwunden. Als Menschen die getauft sind, die zu ihm gehören, kann uns nichts scheiden von der Liebe Gottes. „Wisst ihr nicht" schreibt Paulus, dass alle, die wir auf Christus Jesus getauft sind, die sind in seinen Tod getauft...damit, wie Christus auferweckt ist von den Toten durch die Herrlichkeit des Vaters, auch wir in einem neuen Leben wandeln." (Röm. 6,3.4). Dieses neue Leben, liebe Gemeinde, beginnt bereits heute. Kein Leben unter dem Gesetz mit Werken der Gerechtigkeit. Aber doch ein Leben mit Christus und im Glauben an ihn. Und zwar in dem Bewusstsein von Gott und seinem Sohn angenommen zu sein und diese Güte, diese Menschenfreundlichkeit weiterzugeben, gewissermaßen als dem „neuen Gesetz." AMEN.

Gottesdienst am So.,d.11.11.2012 / Drittletzter Sonntag des Kirchenjahres

Wochenspruch: „Siehe, jetzt ist die Zeit der Gnade, siehe, jetzt ist der Tag des Heils.“ (2. Kor.6,2)

Predigttext: Lukasevangelium 17, 20-24 (25-30)

Liebe Gemeinde,
mit dem heutigen Tage, dem drittletzten Sonntag des Kirchenjahres, liegt die Orientierung am zurückliegenden Trinitatisfest hinter uns. Das Kirchenjahr geht seinem Ende entgegen. Der Volkstrauertag und der Ewigkeitssonntag stehen vor uns, bevor mit dem Advent ein neues Kirchenjahr beginnt.
In diesen Tagen verspürt man, je nach persönlicher Veranlagung, so etwas wie endzeitliche Stimmung. Die Tage werden merklich kürzer. Wir stehen in der dunklen Jahreszeit, die im Verlauf von Herbst und Winter kein Ende zu nehmen scheint. Das Laub fällt von den Bäumen und weht durch die Straßen. Die Natur wirkt leblos. Wind und Kälte nehmen zu. Nicht wenige Menschen haben mit dieser Witterung und der Jahreszeit große Probleme. Ihre Kraft vermag sich wie Mehltau auf unsere Gemüter zu legen. In diesen Wochen denken wir besonders an die Toten. Am Volkstrauertag erinnern wir uns an die Menschen, die Krieg und Gewaltherrschaft zum Opfer gefallen sind und am Ewigkeitssonntag gedenken wir an den Gräbern unserer Verstorbenen. Diese Jahreszeit und die Sonntage mit ihren Themen verströmen einen morbiden Charme.
Von einer Endzeitstimmung erfahren wir gelegentlich auch aus der Zeitung.
Nach einem alten Kalender der Mayas soll am 21. Dezember die Welt untergehen. Weltweit bereiten sich zumeist kleinere Gruppen auf dieses Ereignis vor - z.B. auch in Frankreich an der Atlantikküste. Und die Möglichkeit eines Weltuntergangs, liebe Gemeinde, nimmt in unserem Denkhorizont vorstellbare Züge an. Sei es durch Atomwaffen oder Naturkatastrophen bedingt durch den von

Menschen herbeigeführten Klimawandel.
Um so etwas wie den Weltuntergang, liebe Gemeinde, geht es auch in unserem Predigttext. Auch wenn dieser Begriff nicht verwendet wird.
Gleichwohl spricht aus der Frage der Pharisäer das Wissen um eine zu Ende gehende Welt. Sie nehmen den wichtigsten und zentralen Begriff der Verkündigung Jesu auf, nämlich dem des „Reiches Gottes". Bei Jesus ist dieser Begriff ganz und gar positiv besetzt. Diese Welt wird vergehen. Die Ungerechtigkeiten die uns umgeben und scheinbar das Miteinander und gegeneinander auch unseres Zusammenlebens beherrschen, haben keinen Bestand. Gottes Wille wird kommen, wie wir das auch heute mit den Worten des Vaterunsers beten, und unser Leben bestimmen; das ist die Zukunft die er uns zuspricht. Die Seligpreisungen der Bergpredigt werden sich erfüllen. „Selig sind die da geistlich arm sind; denn ihrer ist das Himmelreich. Selig sind, die da Leid tragen; denn sie sollen getröstet werden. Selig sind die Sanftmütigen; denn sie werden das Erdreich besitzen. Selig sind, die da hungert und dürstet nach Gerechtigkeit; denn sie sollen satt werden. Selig sind die Barmherzigen; denn sie werden Barmherzigkeit erlangen…Selig sind, die um der Gerechtigkeit willen verfolgt werden; denn ihrer ist das Himmelreich." (Mt.5,3-10) Gottes Herrschaft wird von Jesus Menschen zugesprochen. Gottes Herrschaft und damit die Umkehrung der Verhältnisse wird auch uns, liebe Gemeinde, zugesprochen. Menschliche Verhältnisse werden durch Gottes Herrschaft überwunden. Unsere Zukunft liegt in Gottes Hand und zwar abseits menschlicher Heilsversprechen und menschlicher Macht.
Nun befragen die genannten Pharisäer Jesus nicht nach dem Inhalt des „Reiches Gottes", sondern danach, wann es kommen wird. Wann kommt das Reich Gottes? Im Grunde genommen müssten die Pharisäer, was so viel bedeutet wie die „Abgesonderten", bei ihnen handelte es sich um eine besonders fromme Gruppe im damaligen Judentum die auf kultische Reinheit, Gesetzesstudium und eben Absonderung von Heiden, Sündern und Unreinen achtete, diese Frage gar nicht stellen. Nach einer alten rabbinischen Überlieferung die für Pharisäer zur Zeit

Jesu geradezu bindend war, galt die „Beobachtung“ des Gesetzes als maßgebend, die das Kommen des Reiches Gottes beschleunigte. Nach den Rabbinen bräche die Erlösung an, also das Hereinbrechen des „Reiches Gottes“, wenn Israel zwei Sabbate völlig hielte. Von daher erklärt sich der Unmut der Pharisäer über Sünder und all die Juden, besonders die „Am Haarez“, die das Gesetz nachlässig behandelten.

Eine ähnliche Frage richteten die Jünger am Ölberg kurz vor der Himmelfahrt an Jesus. „Herr, wirst du in dieser Zeit wieder aufrichten das Reich für Israel?“ (Apg. 1,6).

Jesus gibt auf beide Fragen nicht die Antworten, die die Pharisäer oder in der Himmelfahrtsgeschichte die Jünger hören möchten. Er nennt keinen Termin. Er lässt nicht zu, dass sich seine Jünger auf einen fernen oder nahen „Termin“ in der Zukunft einlassen und sich spekulierend der Betrachtung des Himmels hingeben. Sie sollen nicht untätig sein und die Hände in den Schoß legen. Er möchte nicht, dass sie und wir als Christen uns der Gegenwart verweigern. So gibt er den Jüngern vor seiner Himmelfahrt den Missionsbefehl. „Ihr werdet die Kraft des Heiligen Geistes empfangen, der auf euch kommen wird, und meine Zeugen sein.“ (Apg.1,8) Sie sollen Zeugen Jesu sein, indem das „Reich Gottes“ bereits angebrochen ist. Jesus hat das „Reich Gottes“ gelebt. In ihm ist es zeichenhaft angebrochen, besonders im Blick auf Heilungen, die er vollbracht hat. Durch Worte und Taten soll Jesus gegenwärtig sein und mit ihm Gottes Wille. Wir als Leib Christi sind die Lebens-, die Existenzform Christi in dieser Welt bis er wiederkommt. So bekennen wir es Sonntag für Sonntag mit den Worten des Glaubensbekenntnisses. „Von dort wird er kommen zu richten die Lebenden und die Toten…“ Ich weiß, liebe Gemeinde, das ist ein sehr hoher Anspruch, sind wir doch als Kirche eine Gemeinschaft von Menschen, mit Schwächen, Fehlern, Ängsten und Zweifeln. Und wer könnte daran zweifeln, dass es nicht auch in unserer Kirche zuweilen sehr stark „menschelt“.

Im Gespräch mit den Pharisäern richtet Jesus den Blick ebenfalls von der Zukunft auf die Gegenwart. „Das Reich Gottes kommt nicht so, dass man es beobachten kann. Denn siehe, das Reich Gottes ist mitten unter euch.“ (Lk.17,20f.) Der Menschensohn, Christus, wird plötzlich und unvermittelt kommen. „Denn wie der Blitz aufblitzt und leuchtet von einem Ende des Himmels bis zum anderen, so wird der der Menschensohn an seinem Tage sein.“ (Lk. 17,24).

Aber zurück zur Gegenwart, unserer Gegenwart. Wie können wir erleben, dass das „Reich Gottes“ mitten unter uns ist, und auch in uns. Ich fürchte, dass diese Vorstellung vielen Menschen in unserer Kirche ebenso fremd ist wie die Annahme, dass Christus am Ende der Tage wiederkommen wird, „zu richten die lebenden und die Toten“. Handelt es sich dabei nicht um eine Aussage, die unseren Vorstellungshorizont übersteigt?

Aber zur Gegenwart. Das Reich Gottes, liebe Gemeinde, können wir erfahren und innwendig verspüren, wenn wir „seine Stimme“ hören. Jesus kam und kommt um das Reich Gottes zu verkündigen, das er selbst gelebt hat. Er kam und er kommt durch sein Wort um zur Umkehr zu rufen, zur Ausrichtung auch unseres Willens und Lebens an seinem Wort. Ein Gottesdienst mit allem was er enthält dient dazu ihm Gehör zu verschaffen. Ich denke natürlich an die Lesungen und Lieder, an die liturgischen Elemente mit der Anrufung des Kyrie und dem Wechselgespräch mit ihm in Form der Gebete. Das Orgelspiel und unser Gesang dienen seinem Lobpreis.

Wir erfahren etwas vom „Reich Gottes“ wenn wir durch das Wort Gottes Trost und Orientierung, Halt und Mut erfahren, ja erspüren. Wenn der Geist Gottes, der in seinem Wort lebt, uns berührt. Wenn uns Ängste und Zweifel, Perspektivlosigkeit und Schwermut genommen werden. Wenn in uns etwas „heil“ wird, wie damals bei den Menschen denen sich Jesus zuwandte. Denen er half sich wieder zu bewegen, auch auf andere zu zubewegen oder die blind waren und durch ihn wieder neu zu sehen lernten.

Wir, liebe Gemeinde, erfahren etwas vom „Reich Gottes“ als Hörende und Beschenkte. Wir erfahren vom Geiste Christi auch und besonders durch Menschen, die ihm nahe sind. Heute ist der sog. Martinstag, in Erinnerung an Martin von Tours, der durch seine Bekehrung zum christlichen Glauben dem

Militärdienst entsagte und sich in die Nachfolge Christi begab. Berühmt ist das Bild von Martin, der seinen Rock mit dem Schwert teilt, um einem Bettler daran Anteil zu geben. Natürlich denke ich auch an Martin Luther, der am 10.11.1483 in Eisleben geboren wurde und am darauf folgenden Tag, dem Martinstag, getauft wurde. Sein Lebensthema war es, allen Menschen Zugang zur hl. Schrift zu ermöglichen und alles kirchliche Leben sowie allen Glauben an das Zeugnis der Schrift zu binden. Es ging ihm darum und nur darum, dem Worte Gottes alleinige Geltung zu verschaffen. Sola scriptura, sola gratia, sola fidei, sola Christus. Nicht Päpste, nicht Heilige, nicht kirchliche Würdenträger wie Kardinäle sollten das kirchliche Leben bestimmen, sondern Christus.

Das Reich Gottes ist mitten unter uns, wenn wir den Willen Christi auch zu leben versuchen. Dafür stehen Glaube, Liebe, Hoffnung, wie der Apostel Paulus schreibt. Zuwendung und Barmherzigkeit aber auch die Fähigkeit mit anderen, zumal Bedürftigen, mitzufühlen. Die Welt, liebe Gemeinde, hat diese Haltung bitter nötig, denn wenn nicht alles täuscht, wird sie immer unbarmherziger und kälter, besonders jenen gegenüber, die auf der Schattenseite des Lebens stehen.

Das „Reich Gottes" nimmt Gestalt an, zumindest zeichenhafte Gestalt, wenn es uns gelingt, wenn wir uns darum bemühen, andere Menschen so zu sehen und so anzunehmen, wie Jesus uns das vorgelebt hat. Wir sprechen in diesem Zusammenhang von „Annahme". Jesus nahm und nimmt die Sünder an. Menschen, die man eigentlich nicht mag weil sie nicht so sind, wie wir meinen, dass sie sein müssten.

Das „Reich Gottes" beginnt damit, dass wir uns von ihm angenommen wissen. Wenn wir das Leben, gewinnt das „Reich Gottes" in unserem Alltag und in unserem Umfeld an Gesicht. AMEN.

Gottesdienst, d. 17.11.2013 / Volkstrauertag (Vorletzter Sonntag des Kirchenjahres)

Wochenspruch: „Wir müssen alle offenbar werden vor dem Richterstuhl Christi.“ (2. Kor. 5,10)

Predigttext: Jeremia 8,4-7

Liebe Gemeinde,
wir stehen am Ende des Kirchenjahres und das Thema Tod, Gedanken auch um die eigene bemessene Lebenszeit, treten in den Vordergrund. Wir alle wissen darum, liebe Gemeinde, dass wir sterben müssen. Das ist so ziemlich das einzige Ereignis im Blick auf unser aller Zukunft, um das es keinen Zweifel gibt. Der November mit dem scheinbaren Absterben der Natur, verstärkt diese Gedanken. Manche Menschen leiden regelrecht unter Herbstdepressionen. Heute, am Volkstrauertag, denken wir an die Toten zweier Weltkriege und darüber hinaus an die Opfer von Krieg und Gewaltherrschaft in unserer Gegenwart und weltweit.
In der kommenden Woche, am Totensonntag, bzw. dem Gedenktag der Entschlafenen oder, wie dieser Tag auch genannt wird, am Ewigkeitssonntag, denken wir an verstorbene Familienangehörige und Freunde, an Menschen die uns nahe standen und in Gedanken sowie Erinnerungen immer noch nahe sind.
Zugleich wissen wir, dass die Bedeutung der genannten Tage spürbar abnimmt. Wer denkt gerne an den Tod. Wer beschäftigt sich gerne mit eigenen Kriegserinnerungen oder denen anderer. Die Generation derer, die lebendige Erinnerungen an die Gefallenen des II. Weltkrieges besitzen oder an sogenannte zivile Opfer, nimmt immer mehr ab. In den fünfziger und sechziger Jahren des letzten Jahrhunderts hatte der Volkstrauertag einen ganz anderen Stellenwert als heute. Fast für die gesamte Bevölkerung war dieser Tag mit dichten Gefühlen an getötete Angehörige verbunden.

Darüber hinaus gilt für unsere Gegenwart, dass die Gräber von Angehörigen in zunehmendem Maße in die Anonymität verdrängt werden. Unsere Friedhofskultur, das ist bekannt, hat sich in wenigen Jahren sehr verändert. Es gibt den Trend hin zu anonymen Urnenfelder. Letztlich grenzen wir damit den Tod aus unserem Leben aus. Nicht zuletzt deshalb, weil er keinen genauen Ort hat, ihm fehlt gewissermaßen die Anschrift.

Schließlich, liebe Gemeinde, werden diese Wochen am Ende des Kirchenjahres bereits sehr stark von der bevorstehenden Adventszeit überlagert. In den Geschäften prangen die Lichterketten und in den Schaufenstern leuchten geschmückte Tannenbäume. Die Planungen für die Weihnachtsmärkte laufen auf Hochtouren. Und wer freut sich nicht auf den bevorstehenden Weihnachtsmarkt hier bei uns in Lübeck.

Und doch lohnt es, sich bewusst zu machen, was wir von Christus für die Zukunft, auch für unsere Zukunft zu erwarten haben. Wir leben in Erwartung von Gottes Herrschaft. Unsere Wege haben damit ein Ziel, das jenseits unserer gestalterischen Möglichkeiten liegt. Christus kann in seiner Verkündigung sagen, dass sie mit ihm anbricht, zeichenhaft, mitten in dieser Welt, mitten unter den Menschen; in seinen Worten und Taten. Wo Menschen durch Christus geheilt, getröstet und aufgerichtet werden, wo sie von Schuld und Leid befreit werden, dort bricht Gottes Herrschaft, bricht sein Reich an –mitten unter uns im Alltag. Gleichwohl ist diese Einsicht nur dem Glauben möglich. Aber das Reich Gottes, seine Herrschaft besitzt noch eine weitere Dimension, einen weiteren Horizont. Gott wird alles neu machen, er wird einen neuen Himmel und eine neue Erde schaffen. Sehr anschaulich kommt dies in den Worten zum Ausdruck, die am Ende der Offenbarung des Johannes stehen: „Und Gott wird bei ihnen wohnen, und sie werden sein Volk sein und er selbst, Gott mit ihnen, wird ihr Gott sein; und Gott wird abwischen alle Tränen von ihren Augen, und der Tod wird nicht mehr sein, noch Leid noch Geschrei noch Schmerz wird mehr sein, denn das Erste ist vergangen…Siehe, ich mache alles neu!“ (Offb. 21,3-5) Diese Worte, liebe Gemeinde, vermitteln uns einen Eindruck davon, was wir unter

„Erlösung“ verstehen können. Wir selbst können uns nicht selbst erlösen. Wir können uns nicht selbst von all dem befreien, was diese Welt und unser Leben dunkel macht: Gewalt, Unfrieden, Ungerechtigkeit, Leid, Trauer, scheinbare Ausweglosigkeit im Leben und natürlich dem Tode. All das können wir verdrängen und überspielen. Wir können uns unterhalten lassen und so tun, als ob wir ewig leben, hier auf dieser Welt; wir können so tun, als wären die Schätze dieser Welt unerschöpflich und unbegrenzt - aber, es ist nicht an dem.

Unser Predigttext, liebe Gemeinde, enthält sehr harte Worte. Der Prophet Jeremia rechnet mit seinen Landsleuten ab. Er hält geradezu eine Gerichtspredigt. Zugleich äußert Jeremia sein Unverständnis über das Treiben der Menschen in Jerusalem. Warum gehen sie in die Irre und fügen sich selbst Schaden zu: „Warum will denn dies Volk zu Jerusalem irregehen für und für.“ Gottesdienste dienen nur der eigenen Selbstbestätigung, nicht dem Hören auf Gottes Wort. Die Heilspropheten reden den Menschen nach dem Munde und konfrontieren sie nicht mit Gottes Willen. Alles, so sagen sie, wird gut. Sie wiegen sie in einer falschen Sicherheit. Niemand bedauert seine Bosheit. Alles wird schön geredet. Man lässt Gott einen guten Mann im Himmel sein, möglichst weit weg, dort stört er jedenfalls nicht und lässt die Menschen in Ruhe. Jeremia vergleicht das Treiben seiner Landsleute mit dem Lauf eines wilden Hengstes, der unüberlegt, ungestüm und ungehalten auf ein Schlachtfeld stürmt und dabei wenig Überlebenschancen besitzt. Er resümiert: „Mein Volk will das Recht des Herrn nicht wissen.“ (Jer. 8,7) Die Israeliten wenden sich fremden Göttern zu; darüber zerbricht die Gemeinschaft, die Solidargemeinschaft des Gottesvolkes, weil nun nicht mehr das Recht Gottes als bestimmende Größe akzeptiert wird, sondern das eigene Ego steht im Mittelpunkt. Täuschung und Trug, Gewinn, eben der eigene Vorteil und Gewalt gegen die Schwachen sind die gültigen Maßstäbe des Handelns geworden. Nach Jeremia bleibt all das nicht ohne Folgen. Er kündigt die Zerstörung Israels durch „einen Feind aus dem Norden“ an. Gemeint ist das Volk der Babylonier.

Dabei, liebe Gemeinde, geht es nicht um die Rachgier eines angeblich eifersüchtigen und zornigen Gottes. Vielmehr schafft die Abkehr von Gott, von seinem Willen, von seinen Geboten eine zerstörerische Kraft, die auf das Volk Israel zurückwirkt. Der Prophet weidet sich nicht an dem bevorstehenden Untergang, vielmehr ruft er Israel zur Umkehr auf. Es ist das Anliegen aller Propheten, auch Johannes des Täufers und Jesu, Menschen zur Umkehr zu bewegen; d. h. zur Rückbesinnung auf Gott, auf sein Wort, auf seinen Willen, vor allem auf seine Gerechtigkeit. Ihnen geht es im Auftrage Gottes gerade um das Wohl der Menschen, mehr noch, um sein Heil. Christ zu sein bedeutet, immer wieder die Bindung an Christus zu suchen. Umkehr meint so viel wie die Ausrichtung des Glaubens, Denkens und Handelns an Gott zu orientieren, mithin an der Person Christi. Gott traut uns eine ganze Menge zu. Er wirbt geradezu um uns und sieht uns als freie Menschen und er will uns als freie Menschen, die zu einer Entscheidung für ihn fähig sind. Entscheiden kann sich nur, wer frei ist und sein eigenes Denken und Handeln zu reflektieren, zu überdenken imstande ist und zur Änderung fähig. Wir sind keine Marionetten die nach einem vorgegebenen Programm funktionieren.

Ich denke, liebe Gemeinde, dass wir ein recht aktuelles Prophetenwort vor uns haben. Erleben wir nicht auch in unserem Alltag, dass unrechtes Handeln, Ungerechtigkeit, uns einholt. Das fängt an bei den Lügen, die sprichwörtlich „kurze Beine“ haben. Auf einer anderen, dramatischen Ebene erleben wir, dass die Natur nicht unbegrenzt belastbar ist. Stürme und Naturkatastrophen, wie wir sie in diesen Tagen über den Philippinen gewütet haben, mit bisher ungeahnter Zerstörungskraft, kommen nicht von ungefähr; sie sind auch Menschenwerk.

Wir begegnen in unserem Alltag der Vorstellung von Sachzwängen. Demzufolge ist wirtschaftliches Wachstum unerlässlich. Eine andere Wirtschaftsordnung erscheint völlig unvorstellbar. In der Regel regiert die Freiheit der Ellenbogen. Es gibt die astronomischen Summen für die Gewinner und die kalte Schulter für die Verlierer. Vor wenigen Jahren galt die Verlängerung der Laufzeit von Atomkraftwerken noch als völlig alternativlos, als unverzichtbar. Wenig später erfolgte der Ausstieg. Für Banken lassen sich innerhalb weniger Tage milliardenschwere Rettungspakete schnüren, weil sie als systemrelevant gelten, als unverzichtbar. Für wichtige Projekte, etwa gegen die Altersarmut und den Pflegenotstand fehlt das nötige Geld. Wir erleben in diesen Tagen Flüchtlingsströme besonders aus Syrien und Afrika. Viele Menschen kamen und kommen dabei ums Leben. Und es ist zu befürchten, dass noch viele weitere folgen werden. Die Umgangsweise der verantwortlichen und zuständigen Politiker erstaunt. So heißt es, dass man nicht alle Flüchtlinge aufnehmen kann. Das stimmt. Aber wenn man bedenkt, dass am Ende des II Weltkrieges hier im Westteil Deutschlands ca. 12 Mio. Flüchtlinge und Vertriebene aufgenommen werden konnten, und zwar unter den Bedingungen eines völlig zerstörten, verarmten Landes mit Hunger und vielen Entbehrungen, dann erstaunt eine solche Aussage von Politikern eines reichen Landes, das wir ja sind. Schade, dass diese Zeit offensichtlich mehr und mehr in Vergessenheit gerät, dabei könnte sie so lehrreich sein. Zugleich verweigern sich die Verantwortlichen der Flüchtlingsproblematik unter Hinweis auf das EU- Recht. Nach den Beschlüssen von Dublin können Flüchtlinge, die über sog. sichere Drittländer nach Deutschland einreisen, etwa Italien, dorthin wieder abgeschoben werden. Aus einer gemeinsamen Außengrenze der Europäischen Gemeinschaft wird so wieder eine nationale, italienische Außengrenze und Deutschland hat ein Problem weniger- Italien hingegen viele Probleme mehr.

Im Mittelpunkt des Volkstrauertages stehen die Opfer von Krieg und Gewaltherrschaft. Viele der genannten Flüchtlinge suchen hier Asyl, weil sie genau vor diesem Hintergrund für sich keine Perspektive mehr in ihrer Heimat sehen- ob in Somalia, dem Irak oder Eritrea, wo es keine staatliche Ordnung mehr gibt und niemand von uns leben möchte.

Wir denken heute an die Opfer von Krieg und Gewaltherrschaft in unserem Land. Geopfert für vermeintliche Ideale wie „Freiheit", „Volk" und „Vaterland". So etwas darf sich nicht wiederholen. Menschen, zumeist junge Menschen, wurden auch unter Hinweis auf vermeintliche Sachzwänge und bösartige Feinde durch Kriege um ihr Leben betrogen.

Jeremia sagt uns zu, das wir andere und anders werden können. Wir können und wir dürfen, weil wir lernfähig sind und Mitmenschlichkeit in uns tragen - zumindest tragen könne. Wir können Menschen werden, die weder von ihren Ängsten noch von „Sachzwängen eines Systems“ regiert werden, aus denen man angeblich nicht entkommen kann, sondern von einer gewissen Zuversicht in der Nähe Jesu; von der Freude an den Stärken und dem Glück anderer, vom Mitleiden an dem, was sie kränkt. Und vom entschlossenen redlichen Willen, heimzukehren in die Lebensordnung Jesu: „Einer trage des anderen Last“, ein hilfsbereiter Mitmensch zu sein allen, die uns brauchen. Wir können es, weil die Ausstrahlung Jesu das Unmögliche möglich macht. Ihnen, liebe Gemeinde und mir. AMEN.

Gottesdienst am Mittwoch, d. 19.11.2014 / Buß – und Bettag
Anlässlich der Friedensdekade
25 Jahre Grenzöffnung und Mauerfall

Tagesspruch: „Gerechtigkeit erhöht ein Volk; aber die Sünde ist der Leute Verderben.“ (Sprüche 14,34)

Predigttext: „Denn Gott hat uns nicht gegeben den Geist der Furcht, sondern der Kraft und der Liebe und der Besonnenheit.“ (2. Timotheusbrief 1,7)

Liebe Gemeinde,
vor zehn Tagen jährte sich zum 25 Mal der Tag der Maueröffnung in Berlin. Bundesweit, aber vor allem in der Hauptstadt, gab es viele gut besuchte Gedenkveranstaltungen, mit bunten Festivitäten und zahlreichen Reden. Neben den Feiern fand auch das Gedenken an die Opfer der ehemaligen innerdeutschen Grenze seinen Platz. Die Resonanz auf diese Veranstaltungen war überraschend groß und wohltuend. Zudem gab es zahlreiche Zeitungsartikel zum Thema, sowie Filme und Dokumentationen im Fernsehen. Das Thema Grenzöffnung und Wiedervereinigung erreicht immer noch und immer wieder besonders die Gefühlswelt vieler Menschen. Wer hätte je an den Fall der Mauer geglaubt?
Ich weiß nicht, liebe Gemeinde, wie es Ihnen mit dem Ereignis vom 09.11.1989 ergeht; mich jedenfalls hat schon überrascht, dass dieser Tag auch heute noch so viel Anklang, ja Begeisterung freisetzt, nachdem sich ja schon bald nach der Grenzöffnung diesseits und jenseits der alten Demarkationslinie auch Ernüchterung breitgemacht hatte. Man denke nur an windige Geschäfte - und Karrieremacher die es bald nach der Wende in den Osten zog; oder das nicht immer glückliche Agieren der Treuhand. Zu denken ist auch an manche großspurigen Versprechen von westdeutschen Politikern, denen es letztlich mehr um Wahlerfolge und persönlichen Machterhalt ging, als um die Menschen im

Osten. Den ehemaligen DDR Bürgern ist in der Tat einiges zugemutet worden. Des Weiteren ist zu denken an hohe Arbeitslosenzahlen, allgemeine Verunsicherung über die Zukunft sowie die totale Umstellung auf das westliche System – ob in Schule und Ausbildung, Versicherungswesen und Mentalität. Aus den eigenen Reihen traten sogenannte „Wendehälse" wieder in den Vordergrund um der persönlichen Karriere willen. Von den Bürgerrechtlern sollte in der Politik bald keiner mehr eine wichtige Rolle wahrnehmen. Besonders bei den Menschen in der ehemaligen DDR sind viele Erwartungen enttäuscht worden.

Und ernüchternd wirkt bis heute, das bei den letzten Landtagswahlen in den sogenannten „neuen Bundesländern" die teuer erkämpften freien Wahlen von rund 50 % der Wahlberechtigten nicht genutzt werden. Bedrückend ist in diesem Zusammenhang auch, das in den „neuen Ländern" Protestparteien, ob von links, in der Nachfolge der SED, oder von rechts, großen Zulauf erhalten. All das zeugt von großer Unzufriedenheit mit den Parteien und ihren Repräsentanten.

Mit dem Abstand von 25 Jahren erscheinen der Fall der Mauer und die Wiedervereinigung mittlerweile selbstverständlich zu sein. Wir haben einen Bundespräsidenten aus Rostock und eine Bundeskanzlerin aus Templin. Seit über einem Jahr bilden wir, als ehemalige Nordelbische Kirche zusammen mit der Pommerschen Kirche und den Mecklenburgern die Nordkirche.

Aber, selbstverständlich sind diese Ereignisse keineswegs. Gerade das zeigen die zurückliegenden Gedenkveranstaltungen. Viel wird darüber diskutiert, wer den größten Anteil am Mauerfall hat. Es erscheint müßig darüber zu spekulieren; aber ohne die Zurückhaltung der damaligen sowjetischen Führung, die Grenzöffnung nach Österreich durch Ungarn, die ersten freien Wahlen in Polen, die Bürgerrechtsbewegung und den Druck der Montagsdemonstrationen, die ihren Anfang in den Kirchen nahmen, wäre der Mauerfall nicht möglich gewesen. Das Bedürfnis nach Freiheit, das lehrt der Herbst 1989, lässt sich auf Dauer nicht unterdrücken – das galt für die Menschen in der ehemaligen DDR und für die Menschen im Ostblock insgesamt. Das gilt für alle Gesellschaften. Jede Form von Diktatur stellt etwas Gewalttätiges und Abnormes dar, weil sie den Menschen eine

Meinung, einen Willen aufdrängt und ihre Bedürfnisse ignoriert. Damit kann man Menschen in Furcht halten, oder in Angst, in Anpassung und Selbstverleugnung - aber damit kann man sie nicht wirklich gewinnen. Diktaturen folgen der Vorstellung, Menschen zu prägen und zu vereinnahmen, im Extremfall führt dies zu dem Anspruch, den „neuen Menschen“ zu schaffen.

Wie wir heute wissen, waren vor 25 Jahren nicht alle Bürgerrechtler und Demonstranten, ob auf den Straßen und in den Kirchen Leipzigs oder anderswo, überzeugte Christen. Die Kirche jedoch bot den Ort, den Raum und den Rahmen um die Sehnsucht der Menschen nach Freiheit und Wandel zu artikulieren, auszusprechen. Und doch, liebe Gemeinde, war Gott in der Phase des Umbruchs vor 25 Jahren am Wirken; besonders dadurch, dass er vielen die Angst vor den Repressalien durch den SED – Staat nahm und ihnen Hoffnung auf einen Wandel schenkte.

Die Worte aus dem 2. Tim. bringen auf den Punkt, wie Gott uns sieht – und wie auch wir uns sehen können. „Denn Gott hat uns nicht gegeben den Geist der Furcht, sondern der Kraft und der Liebe und der Besonnenheit.“ (2. Tim. 1,7) Für diese Aussage gibt es in der Bibel eine Reihe von Paralleltexten. Im Römerbrief heißt es etwa: „Denn ihr habt nicht einen knechtischen Geist empfangen, dass ihr euch abermals fürchten müsstet; sondern ihr habt einen kindlichen Geist empfangen, durch den wir rufen: Abba, lieber Vater.“ (Röm. 8,15)

Gottes Geist ist es, der den Glauben in uns zu wecken vermag und uns unsere Bestimmung zeigt – er verhilft uns zu unserer Identität. Und im Galaterbrief stehen die Worte: „Zur Freiheit hat uns Christus befreit! So steht nun fest und lasst euch nicht wieder das Joch der Knechtschaft auflegen.“ (Gal. 5,1)

Diese Worte hören wir vor dem Hintergrund, dass unser Gott ein Gott der Befreiung ist. Das „Urbekenntnis Israels“ hat eben diese Befreiung seines Volkes durch den Gott Abrahams, Isaaks und Jakobs aus der ägyptischen Sklaverei zum Inhalt. Man denke auch an die Befreiung Israels aus dem babylonischen Exil. Für das Ende der Zeiten wird uns, auch mit den Worten des Micha, die wir gehört haben, das kommende Friedensreich Gottes verheißen. „Sie werden ihre

Schwerter zu Pflugscharen und ihre Spieße zu Sicheln machen. Es wird kein Volk wider das andere das Schwert erheben, und sie werden hinfort nicht mehr lernen, Krieg zu führen." (Mi. 4,3)

Hier wird ein Bild von Zukunft entworfen, auf das wir hinleben und das uns bereits in unserer Gegenwart berührt und zum Frieden anstiftet. Das Motiv der Schwerter die zu Pflugscharen werden, hat in der Friedensbewegung in der ehemaligen DDR eine große Rolle gespielt.

Doch zurück zu unserem Predigttext. Auch hier geht es um Freiheit, um den Geist Gottes der uns aus Furcht und Angst zu befreien vermag. Ein Geist von dem wir ohne zu übertreiben sagen können, dass er vor 25 Jahren viele Menschen bewegt hat.

Aber Freiheit, das wissen wir auch, bedeutet mehr als das Niederreißen von Grenzen oder das Durchbrechen von Mauern. Freiheit erschöpft sich nicht darin, sich einer ungeliebten Regierung, ja eines vielleicht sogar verhassten Regimes zu entledigen. Freiheit, liebe Gemeinde, beginnt in den Köpfen und schafft den aufrechten Gang. Der Verfasser des 2. Tim. schreibt aus dem Gefängnis und fühlt sich doch frei, weil er Furcht und Angst, vielleicht auch Hass angesichts grausamer Behandlung ablegen kann. Wer darin gefangen bleibt, dem nützen weder das freie Wahlrecht, noch Freizügigkeit, weder Wohlstand noch offene Grenzen etwas, er bleibt ein Gefangener. Ein Mensch kann die ganze Welt bereisen, wenn im Kopf Enge, Zwang und Provinzialismus herrschen, kann er diese Art von Freiheit nicht wirklich erleben.

Eine Freundin von meiner Frau und mir arbeitet für die Stasiunterlagenbehörde. Auf die Frage, welche Aufgaben den größten Raum in ihrer Arbeit einnehmen sagte sie, dass es sich dabei um Beratung handelt. Das betrifft ältere Menschen, die noch vor der Staatsgründung der DDR als damals sehr junge Menschen von 17, 18, oder 19 Jahren von der sowjetischen Militäradministration unter fingierten Gründen in den Gulag nach Workuta geschickt wurden, in den Nordural, verurteilt in der Regel zu 10 Jahren Zwangsarbeit. Diese, zumeist älteren Männer, werden im Alter von düsten Erinnerungen und von Alpträumen geplagt. Daneben betrifft die Beratungsarbeit Menschen, die in der DDR zwangsweise zur Adoption freigegeben wurden, bzw. in Heimen aufwuchsen bis hin zu den berüchtigten Jugendhöfen. Auch sie sind traumatisiert, weil die dunklen Schatten der Vergangenheit - die für sie eben keine abgeschlossene Vergangenheit darstellen – sie immer wieder heimsuchen.

Offene Grenzen, freie Wahlen, Freizügigkeit, Wohlstand und weite Reisen garantieren noch keine Freiheit wenn die Gefangenschaft im Kopf beginnt, Furcht und Angst das Leben bestimmen. Unser Glaube an Christus vermag uns zu helfen, ein größeres Maß an Freiheit zu gewinnen. Im 1. Kor. stehen die Worte: „Niemand kann Jesus den Herrn nennen außer durch den hl. Geist." (1. Kor. 12,3) Es geht dabei um zweierlei. Der Glaube ist ein Geschenk. Den Glauben können wir nicht machen oder erwerben, weder einklagen noch erzwingen. Er erwächst aus der Begegnung mit Gott, seinem Wort und Geist, und entzieht sich menschlicher Macht. Damit aber auch dem Einfluss von Menschen, die den christlichen Glauben ablehnen oder sogar offen bekämpfen.

Und Zweitens: In dieser Formulierung und der Anrede „Herr" wird nicht einem männlichen Gottesverständnis das Wort geredet. Vielmehr verweist der Begriff darauf, dass Christus der Herr über alle Herren und Mächte ist – über Diktatoren und Willkürherrschaft, über Kräfte die uns bedrängen und unfrei machen, wie Furcht und Angst, ja, selbst über den Tod, als der scheinbar größten Macht die uns vor Augen steht.

„Wir leben oder sterben, so sind wir des Herrn. Denn dazu ist Christus gestorben und wieder lebendig geworden, dass er über Tote und Lebende der Herr sei." (Röm. 14,8.9) AMEN

Gottesdienst am Sonntag, d. 23.11.2014 / Ewigkeitssonntag (Totensonntag)

Wochenspruch: „Lasst eure Lenden umgürtet sein und eure Lichter brennen.“ (Lk. 12,35)

Predigttext: 2. Petrusbrief 3,8-13

Liebe Gemeinde,
der heutige Tag wird mit mehreren Bezeichnungen belegt. So sprechen wir – sehr formal – vom letzten Sonntag des Kirchenjahres. Im Blickpunkt steht der „wiederkehrende Christus“ am Ende der Zeiten. Das ist eine Aussage, die wir in jedem Gottesdienst miteinander im Glaubensbekenntnis sprechen. „Er sitzt zur Rechten Gottes, von dort wird er kommen, zu richten die Lebenden und die Toten.“

All unsere Urteile über andere Menschen und all unser Tun stehen unter dem Vorbehalt des wiederkehrenden Christus, dem wir von Angesicht zu Angesicht begegnen werden und in dessen Licht auch wir uns neu sehen werden. Wir wandeln hier im Glauben, aber unser Weg ist darauf angelegt, Christus zu schauen.

Am kommenden Sonntag beginnt mit dem ersten Advent ein neues Kirchenjahr. Mit dem Advent - der Ausdruck bedeutet inhaltlich soviel wie „Ankunft“, oder „Erwartung der Ankunft“- richten sich unsere Blicke auch nach vorne, auf die Geburt Christi, das Weihnachtsfest.

Ein anderer Begriff für diesen Tag ist der der des „Totensonntags“. Letzte Woche begingen wir den „Volkstrauertag“. Wir gedachten der Opfer von Krieg und Gewaltherrschaft, besonders im Blick auf die Opfer zweier Weltkriege sowie der nationalsozialistischen Gewaltherrschaft, und in den neuen Ländern auch des stalinistischen Terrors. Darüber hinaus gedenken wir an diesem Tag auch der Opfer von Kriegen und staatlicher Gewalt unserer Tage; ob in Syrien, im Irak, in der Ukraine oder anderswo. Der Volkstrauertag besitzt öffentlichen Charakter. Das Gedenken wird durch Repräsentanten des Staates vorgenommen. Das Gedenken am Totensonntag hat hingegen eher persönliche, private Motive und Anlässe. Im Rahmen dieses Gottesdienstes werden wir die Namen unserer Gemeindeglieder verlesen, die im zu Ende gehenden Kirchenjahr verstorben sind. Menschen, die aus unserer Mitte gerufen wurden und mit denen wir persönliche Erinnerungen und Gedanken verbinden; mit denen wir auch durch unsere Trauer verbunden sind – und auch bleiben.

Und schließlich, liebe Gemeinde, sprechen wir im Blick auf den heutigen Tag auch vom „Ewigkeitssonntag". Dahinter verbirgt sich ganz direkt und unumwunden eine Glaubensaussage. Der Begriff Ewigkeit weist über den Tod hinaus. Es gibt ein Leben jenseits der Grenze, die der Tod darstellt und setzt. In diesem Sinne ist der Tod nicht das Ende unseres Weges, sondern eine Schwelle – nicht mehr und nicht weniger. Unser Leben erfüllt sich nicht in den bemessenen Jahren die uns hier vergönnt sind, sondern in Gottes Ewigkeit. Oder um es mit den Worten des Paulus auszudrücken: „Denn unsere Trübsal, die zeitlich und leicht ist, schafft eine ewige und über alle Maßen gewichtige Herrlichkeit, uns, die wir nicht sehen auf das Sichtbare, sondern auf das Unsichtbare. Denn was sichtbar ist, das ist zeitlich; was aber unsichtbar ist, das ist ewig." (2. Kor. 5,17.18)

Damit, liebe Gemeinde, sind wir mittendrin im Thema unseres Predigttextes. Der 2. Petrusbrief ist die wohl jüngste Schrift des Neuen Testaments, entstanden um die Mitte des 2. Jahrhunderts. Ihr Verfasser setzt sich mit sogenannten Irrlehrern und ihren Anschauungen auseinander. Dabei besitzt ein Thema besonderes Gewicht. In der Gemeinden, an die sich der Verfasser des Briefes richtet, gibt es offenbar eine Gruppe, die die Parusie, d. h. die Wiederkehr Christi leugnet. Ich denke, liebe Gemeinde, dass diese Ansicht auch heute in unseren Gemeinden, ihre Entsprechung findet.

Die Kirche um die Mitte des 2. Jahrhunderts hat sich in der Welt eingerichtet. Es gibt Ämter und Strukturen, es gibt Ordnungen in den Gemeinden und die ersten Sammlungen von Schriften. Das Neue Testament, wie wir es kennen, nimmt

Gestalt an. Die Kreuzigung Jesu liegt über 100 Jahre zurück. Seine Zeitgenossen, besonders die ersten Jünger und Apostel, leben nicht mehr.

In dieser Situation verblasst der Glaube an die Wiederkehr Christi. Die Naherwartung, mit der etwa der Apostel Paulus gelebt hat, scheint sich nicht zu erfüllen. Die Gemeinden haben offenbar an sich genug. In ihrem Denken und Handeln kreisen sie zunehmend um sich selbst. Der Blick in die Zukunft wird von der Pflege um die rechte Lehre und alltägliche Anforderungen in den Hintergrund gedrängt.

Die besagte Gruppe, die der Verfasser des Briefes kritisiert, lebt in der Überzeugung, dass das Heil gegenwärtig ist. Oder anders formuliert: Sie suchen das Heil im Hier und Jetzt. Sehr wahrscheinlich führen sie ein ausschweifendes Leben und finden Erfüllung in Luxus und in materiellen Dingen. Ihr Glück besteht darin, aus den ihnen geschenkten Jahren so viel herauszuholen, wie nur irgend möglich ist: An Spaß, an Besitz, an Erlebnissen und anderem.

Fast ist man geneigt zu sagen, dass einem all das doch sehr bekannt vorkommt. Ist es heute viel anders? Wenn einem der Himmel abhandenkommt, dann muss man sich offenbar den Himmel auf die Erde holen. Je weniger der moderne Mensch Sinn im Glauben verspürt, desto eher neigt er dazu, sich eine Ersatzbefriedigung zu verschaffen, die sich dann besonders in so etwas wie „Lebensgier" und „Selbstoptimierung" verwirklicht. Der säkulare, der gottlose Mensch sucht schließlich größtmögliche Befriedigung in der Welt des Vergänglichen; immer verbunden mit der Sorge, etwas Wichtiges zu versäumen, oder zu kurz zu kommen. Aber, liebe Gemeinde, darüber wollen wir nicht klagen. Interessanter ist die Antwort, die uns der 2. Petrusbrief gibt.

Zunächst einmal gelten vor Gott andere Maßstäbe als die unseren. Ein Tag ist vor ihm wie für uns tausend Jahre. Mag sein, dass eine bestimmte menschliche Erwartungshaltung im Blick auf die Wiederkehr Christi als abgetan gelten kann, nämlich die unmittelbar bevorstehende. Aller Enthusiasmus erscheint in der damaligen Gemeinde ja auch erloschen zu sein. Aber die Wiederkehr Christi, sie wird kommen. Und zwar überraschend. Er wird kommen wie ein „Dieb in der

Nacht“, plötzlich, unerwartet, überraschend. Dieses Kommen lässt sich nicht berechnen, nicht abschätzen, nicht vorhersagen. Christus wird wiederkommen wenn er es für richtig hält, nicht wenn wir meinen, dass es an der Zeit ist. Das Wort vom „Dieb in der Nacht“ stammt ganz gewiss von Christus. Garant für diese Annahme ist die anstößige Wortwahl in einem Gleichnis, in dem er sich mit einem Dieb vergleicht – die gläubige Gemeinde hätte das nicht gewagt.
Wir hören weiter von der Zeit bis zur Wiederkehr Christi als einer Zeit der Möglichkeit zur Buße; d.h. zur Umkehr, zur Besinnung auf Gott. Des Weiteren hören wir von Naturkatastrophen und geradezu kosmischen Sensationen, die sich im Zuge der Parusie ereignen.
Aber weit wichtiger erscheint der Schlussvers unseres Predigttextes: „Wir warten aber auf einen neuen Himmel und eine neue Erde nach seiner Verheißung, in denen Gerechtigkeit wohnt.“ (2. Petrus 3,13) Das, liebe Gemeinde, sind Worte der Hoffnung, die Glauben wecken wollen und sich uns nur im Glauben erschließen. Diese Worte bedürfen im Grunde genommen nicht der Deutung, weil sie für sich sprechen. Sie überschreiten unseren Erfahrungshorizont und erschließen uns einen Blick über die Grenzen dieser Welt hinaus. Die Aussage können wir durch Worte und Bilder aus der Hl. Schrift ergänzen: „Gott wird abwischen alle Tränen von ihren Augen, und der Tod wird nicht mehr sein, noch Leid noch Geschrei noch Schmerz wird mehr sein; denn das Erste ist vergangen. Und der auf dem Thron saß sprach: Siehe, ich mache alles neu.“ (Apk. 21,4.5) Oder: „Wir wissen, dass der, der den Herrn Jesus auferweckt hat, wird uns auch auferwecken mit Jesus und wird uns vor sich stellen samt euch... Denn unsere Trübsal, die zeitlich und leicht ist, schafft eine ewige und über alle Maßen gewichtige Herrlichkeit, uns, die wir nicht sehen auf das Sichtbare, sondern auf das Unsichtbare. Denn was sichtbar ist, das ist zeitlich; was aber unsichtbar ist, das ist ewig.“ (2. Kor. 4, 13.17.18).

Das, liebe Gemeinde, ist die Verheißung mit der wir leben dürfen. All diese Zusagen wollen Vertrauen auf Zukunft wecken, für uns aber auch im Blick auf unsere verstorbenen Angehörigen, von denen wir im letzten Jahr oder bereits vor mehreren Jahren haben Abschied nehmen müssen.

Der Schlussvers unseres Predigttextes enthält eine weitere wichtige Aussage, die den Charakter des neuen Himmels und der neuen Erde, die Gott für uns bereithält, ausspricht. In ihr soll Gerechtigkeit herrschen. Es ist schwer die Augen davor zu verschließen, dass es auf dieser Welt nicht gerecht zugeht. Wir hören täglich von Kriegen und Bürgerkriegen, denen zahllose Menschen zum Opfer fallen. Die Medien vermitteln uns einen Eindruck von der Ebola Epidemie und anderen schweren Krankheiten, denen Menschen zum Opfer fallen. Wir hören von Naturkatastrophen wie und seine Gerechtigkeit in ihrer Fülle erleben. AMEN. Erdbeben und wir wissen um Kriminalität, Korruption und ungerechte Regime, die ihre Bevölkerung drangsalieren und ausbeuten. All das kann nicht das letzte Wort sein. Nicht Menschen sprechen dieses über andere Menschen aus. Das letzte Wort liegt bei Gott. Gott allein ist gerecht und gut. Jesus wehrte die Anrede „guter Meister"(Mk. 10, 17) ab, weil diese Anrede nur Gott zukommt. Wir leben im Glauben aber noch nicht im Schauen. Gottes Gerechtigkeit erleben wir hier nur in gebrochener Weise; aber unverfälscht werden wir ihn schauen, von Angesicht zu Angesicht. AMEN

MIX
Papier aus verantwortungsvollen Quellen
Paper from responsible sources
FSC® C105338

Printed by Books on Demand GmbH, Norderstedt / Germany